**BEST**SELLER

**Dale Carnegie** nació en 1888 en Missouri. Escribió su famoso libro *Cómo ganar amigos e influir sobre las personas* en 1936. En 1950 se creó la Fundación Dale Carnegie Training. Carnegie falleció poco tiempo después, en 1955, dejando su legado y un conjunto de principios esenciales que hoy forman parte de sus libros. En la actualidad, la Fundación cuenta entre sus clientes con cuatrocientas de las empresas más importantes del mundo. Para más información, visite el sitio **www.dalecarnegie.com**.

# DALE CARNEGIE

## ¡LIDERA!

### Cómo construir equipos de alto rendimiento

Traducción de
**María Laura Ramos**

**DEBOLS!LLO**

El papel utilizado para la impresión de este libro ha sido fabricado a partir de madera
procedente de bosques y plantaciones gestionadas con los más altos estándares ambientales,
garantizando una explotación de los recursos sostenible con el medio ambiente y beneficiosa para las personas.

**¡Lidera!**
*Cómo construir equipos de alto rendimiento*

Título original: *Lead! How to Build a High-Performing Team*

Primera edición en Argentina: noviembre, 2024
Primera edición en México: febrero, 2025
Primera reimpresión: mayo, 2025

D. R. © 2021 by Dale Carnegie & Associates
This edition is published by arrangement with Waterside Productions, Inc.,
through International Editors & Yáñez Co' S.L.

D. R. © 2025, derechos de edición mundiales en lengua castellana:
Penguin Random House Grupo Editorial, S. A. de C. V.
Blvd. Miguel de Cervantes Saavedra núm. 301, 1er piso,
colonia Granada, alcaldía Miguel Hidalgo, C. P. 11520,
Ciudad de México

penguinlibros.com

D. R. © María Laura Ramos, por la traducción

Penguin Random House Grupo Editorial apoya la protección del *copyright*.
El *copyright* estimula la creatividad, defiende la diversidad en el ámbito de las ideas y el conocimiento,
promueve la libre expresión y favorece una cultura viva. Gracias por comprar una edición autorizada
de este libro y por respetar las leyes del Derecho de Autor y *copyright*. Al hacerlo está respaldando
a los autores y permitiendo que PRHGE continúe publicando libros para todos los lectores.

Se reafirma y advierte que se encuentran reservados todos los derechos de autor y conexos sobre este libro y
cualquiera de sus contenidos pertenecientes a PRHGE. Por lo que queda prohibido cualquier uso,
reproducción, extracción, recopilación, procesamiento, transformación y/o explotación, sea total o parcial, ya
en el pasado, ya en el presente o en el futuro, con fines de entrenamiento de cualquier clase de inteligencia
artificial, minería de datos y textos, y en general, cualquier fin de desarrollo o comercialización de sistemas,
herramientas o tecnologías de inteligencia artificial, incluyendo pero no limitado a la generación de obras
derivadas o contenidos basados total o parcialmente en este libro y cualquiera de sus partes pertenecientes a
PRHGE. Cualquier acto de los aquí descritos o cualquier otro similar, así como la distribución de ejemplares
mediante alquiler o préstamo público, está sujeto a la celebración de una licencia. Realizar cualquiera de esas
conductas sin licencia puede resultar en el ejercicio de acciones jurídicas.
Si necesita fotocopiar o escanear algún fragmento de esta obra diríjase a CeMPro
(Centro Mexicano de Protección y Fomento de los Derechos de Autor, https://cempro.org.mx).

ISBN: 978-607-385-077-3

Impreso en México – *Printed in Mexico*

*Tenga la mente siempre abierta al cambio.
No lo rechace. Atráigalo hacia usted.
Solamente logrará progresar si examina y
reexamina sus propias opciones e ideas.*

DALE CARNEGIE

Queremos agradecer a los siguientes miembros del equipo de Dale Carnegie, quienes contribuyeron con este libro:

* Joe Hart, *presidente y director ejecutivo*
* Christine Buscarino, *gerenta de Marketing*
* Dr. Greg Story, *presidente, DC Tokio*
* Mariah Suddarth, *instructora y gerenta de Marketing*
* Mark Marone, *director de Liderazgo Intelectual*
* Clark Merrill, *instructor calificado, Carnegie*
* Herb Escher, *presidente, DC New York occidental*
* Elizabeth Haberberger, *presidenta, DC St. Louis*
* Joe Caridiello, *instructor calificado y director de Capacitaciones, sudeste de Florida*
* Gaweed El Nakeeb, *instructor calificado, Carnegie*
* Vimi Appadoo, *instructora calificada y gerenta general, Carnegie, isla Mauricio*
* Anita Zinsmeister, *instructora y presidenta, DC centro y sur de New Jersey*
* Pallavi Jha, *presidenta y gerenta general, DC India*
* Doug Stewart, *instructor y líder de ventas, DC Gran North Carolina*
* Jonathan Vehar, *Innovación y Operaciones, DC Gran North Carolina*

# CONTENIDO

Prólogo, por Joe Hart ............................... 13
Cómo leer este libro ................................ 17
Introducción ...................................... 19

### Parte I: Abre la puerta al liderazgo que hay en ti: mejora tu líder interior

1. Valoración de uno mismo ......................... 31
2. Responsabilidad ................................ 47
3. Interés en los demás ............................. 67
4. Estrategia ...................................... 87

### Parte II: Abre la puerta al liderazgo que hay en otros: obtén lo mejor de los demás

5. Aplicación de los Principios de las Relaciones Humanas ... 99
6. Aplicación de los procesos y las herramientas pertinentes .... 115

Parte III: Abre la puerta a las consecuencias esperadas

7. Confianza y crecimiento personal. . . . . . . . . . . . . . . . . . . . 151
8. Cambio positivo y crecimiento de la organización. . . . . . . . 163
9. Compromiso y dinamismo. . . . . . . . . . . . . . . . . . . . . . . . . 177
10. Innovación y dirección en común . . . . . . . . . . . . . . . . . . 189

Conclusión. . . . . . . . . . . . . . . . . . . . . . . . . . . . . . . . . . . . . . . 205
Índice . . . . . . . . . . . . . . . . . . . . . . . . . . . . . . . . . . . . . . . . . . 213

# PRÓLOGO

## Sé R.E.A.L.

por Joe Hart, director ejecutivo
de Capacitaciones de Dale Carnegie

Como muchos líderes emergentes, cuando me inicié en el mundo de los negocios leí *Cómo ganar amigos e influir sobre las personas,* y el famoso mensaje de poner a las personas en primer lugar hizo eco en mi vida personal y profesional. Pero fue cuando me uní a la organización Dale Carnegie, de la cual ahora soy director ejecutivo, que comprendí realmente su sentido. No son solo palabras: son la base de un liderazgo eficaz.

Dale Carnegie sabía que todas las personas se destacan en algo y que nuestro desafío como líderes es ayudarlas a descubrir y a desarrollar esa habilidad. Según mi experiencia, las personas tienen muchas más habilidades de las que imaginan. Todos tenemos cualidades y talentos ocultos, y lo que hace un buen líder es ponerlos de manifiesto.

¿Cómo se logra eso? La clave está en la forma en que interactuamos con los demás. Eso es lo que define todo. Define cuánto logremos, si somos felices o no y si estimulamos a otros a descubrir más sobre ellos mismos.

En el área de Capacitaciones de Dale Carnegie, la misión de liderazgo es simple. Nos esforzamos para que las personas analicen las cosas desde una perspectiva diferente —desde el punto de vista del otro—, lo que les permite alcanzar logros que no hubieran podido conseguir por sí solos.

Queríamos descubrir qué es lo que impulsa a los líderes más eficaces. ¿Qué hace que motiven a otros a lograr su mejor versión? Para conocer la respuesta, realizamos una encuesta a miles de participantes en trece países. El resultado nos llamó la atención.

Descubrimos que hay cuatro características que definen a los mejores líderes. Con sus iniciales, se forma el acrónimo R.E.A.L.

R: respetuoso
E: estimulante
A: aplicado
L: leal

En otras palabras, se considera que los mejores líderes son respetuosos de los sentimientos de los demás, los estimulan a ser como ellos, nunca dejan de aprender y son confiables. Por eso, estamos tan contentos de haber escrito este libro. *¡Lidera!* impulsa a los líderes emergentes a que abran la puerta a su propio potencial y al de las personas que los rodean.

Existe otro componente para ser un buen líder; sobre ese componente se apoya todo lo demás: la confianza.

Pensemos en esto por un momento. Si un líder exhibe comportamientos generalmente asociados con la empatía —nos pregunta cómo nos fue durante el fin de semana o si ese proyecto ambicioso en el que estamos trabajando avanza o no—, pero no nos genera confianza, no lo vamos a considerar empático, sino que tenderemos a creer que lo hace por conveniencia. Un líder en el que no confiamos no nos motiva a aprender. Ni querremos ser como él, eso seguro.

La confianza es la piedra basal del resto; eso es lo que distingue a Dale Carnegie entre las demás marcas. Dale Carnegie fue un hombre íntegro y confiable. Esas dos cualidades —la integridad y la coherencia en lo que decimos, hacemos y en cómo lo comunicamos— son las que generan confianza.

Ser quien ocupa el cargo que Dale Carnegie ejerció en esta organización es un gran honor y una gran responsabilidad. No me lo tomo a la ligera. Por eso es que estoy tan entusiasmado de poder compartir con ustedes el mensaje de Dale Carnegie acerca del liderazgo. *¡Lidera!* los ayudará a ver las cosas desde una perspectiva diferente: desde el punto de vista del otro, y eso les permitirá alcanzar logros que no hubieran podido conseguir por sí solos.

¡Que estén muy bien!
JOE HART, director ejecutivo

# CÓMO LEER ESTE LIBRO

En todo el mundo, en cada continente, en salones de clase y de conferencias, los instructores de Dale Carnegie invierten horas y horas en compartir los mensajes inmortales de nuestro fundador, Dale Carnegie. Ya sea que se trate de programas diseñados a medida para empresas incluidas en la lista de Fortune 500 o de los clásicos encuentros abiertos a todo público, las lecciones de Dale Carnegie perduran en el tiempo.

Generación tras generación van descubriendo su mensaje, y las ideas se adaptan para satisfacer las necesidades de un mundo siempre cambiante. Sin embargo, comunicarse eficazmente con los demás, motivar a las personas a que alcancen sus logros, ayudarlos para que hallen su líder interior, esos conceptos de las relaciones humanas son tan relevantes hoy en día como lo fueron la primera vez que se formularon.

Para aplicar esos conceptos en este mundo tumultuoso, debemos ser humildes y estar dispuestos a aprender para adaptarlos a la actualidad. Liderar es, sobre todo, un ejercicio de relaciones humanas. Los principios de Dale Carnegie resisten la prueba del tiempo en la tarea de ayudar a las personas a "ganar amigos e influir en los demás", la verdadera esencia de lo que implica ser un líder.

Por ejemplo, durante un seminario inmersivo en Arizona, la instructora Kim Ewers se cruzó con un participante que se sentía muy incómodo con el material que se brindaba en el curso. Matt, un genio de la informática que prefería la tecnología en lugar de a las personas, no entendía por qué el foco estaba tan centrado en la interrelación con los demás.

Kim le dedicó un tiempo extra a Matt, lo instruyó sobre los beneficios de construir relaciones fuertes y sobre cómo esto promovería la comunicación con sus compañeros. Después de reflexionar, Matt entendió que, aunque se sintiera más a gusto con la tecnología, no podía realizar su trabajo si no interactuaba con los demás. Reconoció que tener relaciones positivas y productivas con otros era crucial para su éxito personal y para la felicidad en general.

Al día siguiente, Matt regresó con una actitud distinta y una mente más abierta. Sus compañeros lo felicitaron, y sus instructores lo premiaron por su progreso.

Como cualquier verdad simple e ingeniosa, las ideas de este libro son fáciles de entender. No necesitamos tener un título universitario ni haber ejercido el liderazgo durante toda nuestra carrera profesional. Son ideas sencillas, que requieren trabajo y esfuerzo para integrarlas en nuestra vida cotidiana. Si estamos dispuestos a aprender y a practicar los conceptos expresados en este libro, podremos ser mejores líderes.

# INTRODUCCIÓN

## Combinar las necesidades de desempeño con las necesidades humanas

La oscuridad era total, y el ruido de las piedras que caían continuaba oyéndose. La pesadilla de cualquier minero. En cuestión de minutos, ese ruido convirtió la pesadilla en realidad para los treinta y tres hombres atrapados debajo de la superficie de la Tierra en 2010, en Chile. El capataz Luis Urzúa sabía que la única manera de resistir, y ayudar a los demás a seguir con vida, era desarrollar de inmediato un plan que los mantuviera a salvo hasta que llegara la ayuda y también transmitir la esperanza de que sobrevivirían a pesar de la espantosa situación.

A los pocos instantes del colapso, Luis reunió a los hombres y comenzaron a planificar. Desarrollaron una estrategia basada en tres objetivos: mantener al grupo con vida y a salvo, implementar un orden mientras esperaban y cooperar con los rescatistas dándoles la información que necesitaran. Luis sabía que tendría que vigilar, proteger y equilibrar las necesidades físicas, emocionales y humanas de treinta y tres hombres, quizá, durante meses.

Para lograr el objetivo físico de *mantenerse con vida,* Luis implementó un sistema estricto de racionamiento: todos recibirían dos cucharadas de atún y medio vaso de leche día por medio. Esto evitó que murieran hasta que los rescatistas lograron bajarles alimentos por un orificio taladrado en la tierra.

Para *implementar un orden,* Luis les indicó cómo organizar diferentes espacios de vivienda subterráneos. Aprovechando sus conocimientos como topógrafo, dividió el espacio en un área para trabajar, otra para dormir y otras más con fines específicos. Creó una división artificial entre el "día" y la "noche", simulando la luz solar con los faros de los vehículos.

Con el objetivo de *mantenerse a salvo*, los hombres socavaron "el cielo raso" para evitar que las piedras cayeran sobre ellos cuando dormían. Y para *cooperar con los rescatistas*, dibujaron mapas sofisticados del espacio subterráneo y se los hicieron llegar.

Además de atender las necesidades físicas del grupo, Luis creó un "equipo de liderazgo" y designó a distintos hombres para que cumplieran los roles de médicos, capellanes y encargados de llevar a cabo los tests que enviaban desde la superficie para monitorear su salud mental y emocional.

Durante dos meses, los hombres vivieron, trabajaron y celebraron las pequeñas victorias diarias.

Después de setenta días, los rescataron; Luis fue el último en salir. Todos sobrevivieron y se lo atribuyeron a las destrezas de liderazgo emergente de Luis.

Si bien este es un caso extremo entre la vida y la muerte, las lecciones de liderazgo que derivan de este ejemplo pueden aplicarse a muchas circunstancias diferentes.

Nosotros no estuvimos atrapados en una mina oscura durante más de dos meses. Pero muchos hemos pasado por la experiencia de recibir rumores de fusiones, reestructuraciones, despidos o cierres que ningún superior niega o confirma. ¿Qué se hace cuando un grupo de personas espera que las guíes, pero tú también estás "en la oscuridad"?

O cuando nuestro jefe renuncia de repente y produce un vacío enorme en la estructura de la organización. Ahora nos toca a nosotros liderar, aunque no ocupemos formalmente ese puesto. Ser un líder empático y confiable es relativamente sencillo cuando todo marcha bien... ¿y cuando eso no ocurre? En el caos y la incertidumbre, las mejores intenciones de los líderes pueden desaparecer. Esto es válido tanto para los líderes que nos rodean y para nosotros mismos.

Esencialmente, liderar es una manera de obtener resultados mediante otras personas interactuando con ellas. Los resultados pueden variar según la organización, así como las personas y los métodos, pero los requisitos fundamentales para ser líder son siempre los mismos. Un líder debe preocuparse por comprometer a las personas o a los equipos, por equilibrar las prioridades competitivas y por definir y comunicar el camino que se debe seguir de manera tal que inspire e impulse a los demás y se aprovechen al máximo los recursos disponibles.

Un líder no siempre es la persona que va al frente agitando la bandera, con toda la banda musical marchando detrás. Liderar no es recibir el crédito por un trabajo, ni hacerse cargo solo de toda una tarea, ni quedar bien con los clientes o con los accionistas. El verdadero liderazgo implica *obtener la cooperación voluntaria para decidir adónde ir y cómo llegar allí, y aplicar la paciencia y la habilidad necesarias para impulsar y guiar a todos hacia ese punto.*

El liderazgo puede otorgarse ("¡Felicitaciones! ¡Has recibido un ascenso!") o puede emerger naturalmente dentro de un grupo ("Valoramos mucho tu experiencia y tus opiniones"). Puede depender de una situación ("Eres el único que conoce este sistema nuevo") o estar relacionado con el puesto ("Liderar el equipo es parte de tu tarea"). Pero, en todos los casos, el líder debe estar atento para poder manejar las variables de cambio. Las personas no son iguales ni congruentes, los recursos van y vienen, y la cantidad de información que recibimos varía constantemente.

El día anterior al colapso, cuando Luis Urzúa fue a trabajar, no tenía idea de lo rápido que cambiaría todo. Por suerte, contaba con ciertos principios, valores y destrezas innatas de liderazgo, que le permitieron reaccionar con rapidez ante la emergencia. Y aceptó ponerse al frente y asumir la responsabilidad (en este caso, tomar conciencia de que el grupo dependía de su liderazgo para sobrevivir), en vez de quebrarse y esperar a que otro actuara.

Por el área de Capacitaciones de Dale Carnegie han desfilado líderes de todo tipo, que han demostrado destrezas increíbles, como las de Luis, en situaciones muy diversas. Eso se hizo particularmente evidente durante la última pandemia. Los líderes tuvieron que amoldarse a la incertidumbre reinante, mientras hacían malabares para proteger a los demás y cumplir con sus obligaciones básicas. En muchos casos debimos aprender a estar al frente, en forma remota, de un equipo de personas que no tenían la mínima idea de lo que era el trabajo remoto. Liderar ya era difícil antes de que los métodos de interacción cambiaran de la noche a la mañana.

¿Por qué aceptaríamos semejante tarea? Porque los líderes influyen en las vidas de quienes los siguen y en la cultura en la que estas personas se desempeñan. No importa si se trata de pequeñas empresas familiares o de corporaciones internacionales: la relación que un líder tiene con su equipo marca la diferencia entre el éxito y el fracaso.

## ¿Qué es el liderazgo?

En el área de Capacitaciones de Dale Carnegie creemos que el liderazgo es trabajar mediante otras personas y con ellas para construir relaciones dinámicas y de confianza, que alienten, comprometan y alineen esfuerzos con el fin de alcanzar los resultados deseados. Los buenos líderes detectan la energía y el talento de sus liderados y logran mejores resultados que los que obtendría un líder menos dinámico.

Ser "líder" no es lo mismo que ser "gerente". En nuestra opinión, el "liderazgo" es acerca de las personas que hacen algo y el "gerenciamiento" es acerca del proceso. Toda organización requiere liderazgo y gerenciamiento. Los dos elementos son necesarios, pero, individualmente, no bastan.

Por nuestra experiencia tras haber estudiado a los líderes más exitosos de casi todo el planeta, identificamos cinco cualidades que diferencian a los líderes sobresalientes.

Estos líderes:

1. Asumen responsabilidades para el futuro
2. Generan una cultura de confianza
3. Crean una cultura de colaboración
4. Se comunican con eficacia
5. Demuestran fiabilidad

Cada una de estas cualidades influye en el éxito de un líder, de su equipo y de la organización. De eso se trata *¡Lidera!* Profundizaremos en los elementos que conforman esas cinco cualidades y en la manera en las que esas cualidades se traducen en resultados. Revelaremos las características personales de los líderes eficaces y la forma en la que el líder utiliza el poder de la influencia para extraer lo mejor de los demás. Analizaremos cómo la cultura de la organización influye en los resultados que la convierten en líder de su industria.

Esencialmente, sin embargo, el liderazgo es un objetivo humano. Los líderes son el ejemplo de los principios inmortales de las relaciones humanas que Dale Carnegie nos enseñó y que conducen a la conexión, la cooperación y la colaboración. Para triunfar como líder, se deben combinar las necesidades de desempeño con las humanas. Esto es válido en el caso de que tengamos a nuestro cargo un equipo contable o de que intentemos mantener con vida a un grupo de mineros atrapados bajo tierra.

En este libro pensamos cómo equilibrar las necesidades de optimizar el rendimiento de los empleados de un líder emergente con las del líder como persona. No se trata solo de saber y comprender el costado humano del liderazgo; se trata de buscar oportunidades, activa e intencionalmente, para aplicar ese conocimiento y empoderar a quienes nos rodean, ya que el foco está puesto en ellos. Este libro brinda información y propone el desafío de hallar la manera de poner en práctica lo aprendido para formar un equipo comprometido, leal, apasionado y productivo.

## Cualquiera puede convertirse en líder

Dale Carnegie ofrece capacitación de liderazgo en casi todos los países del mundo. Esto ha sido así desde décadas atrás. Este libro es un reflejo de lo que hemos aprendido a través de las culturas, las industrias, los estudios demográficos y las jerarquías. Hemos trabajado para adaptar el desafío de liderazgo a cualquier otro desafío que enfrentemos.

El siguiente gráfico ilustra el Modelo para un liderazgo exitoso de Dale Carnegie; este modelo es el marco de nuestro libro.

**Modelo para un liderazgo exitoso de Dale Carnegie**

Las ideas fluctúan; van de atributos individuales a aplicaciones en el comportamiento, que derivan en consecuencias y logros. La base del liderazgo es la capacidad para demostrar a otros, activa e intencionalmente y por medio del ejemplo, lo que significa ser un buen líder. Esto quizá requiera un cambio de mentalidad. La aplicación de las herramientas y los procesos viene más tarde.

No basta con ser modelos de conducta solo cuando nos acordamos. Los líderes enseñan de manera continua con el ejemplo. Las personas los observan y quieren ser como ellos, o quieren diferenciarse de ellos. Para ser líderes eficaces, debemos vivir como modelos de conducta *positivos*. Se trata de generar confianza, empatía y cooperación voluntaria.

Se trata de valorarse a uno mismo, ser responsable, interesarse en los demás y ser estratégico. Los capítulos de la Parte I ahondan en la manera en que un líder puede convertirse en un modelo de conducta positivo, y todo comienza con una reflexión sobre nosotros mismos.

## Los 30 principios de relaciones humanas de Dale Carnegie

En el área de Capacitaciones de Dale Carnegie nos centramos en los principios de relaciones humanas que Dale Carnegie creó hace muchos años. Es sorprendente lo relevantes que siguen siendo para la vida moderna. De hecho, si nos enfrentamos a un problema, lo único que debemos hacer es repasar estos principios y pensar de qué forma pueden mejorar la situación. Estos son los principios que han resistido el paso del tiempo.

### *Genera confianza*
SÉ MÁS AMABLE
1. No critiques, juzgues ni te quejes.
2. Brinda elogios genuinos y sinceros.

3. Genera anhelos en el otro.
4. Interésate genuinamente en los demás.
5. Sonríe.
6. Recuerda que, para cualquier persona y en cualquier idioma, su nombre es la palabra más dulce e importante.
7. Aprende a escuchar y alienta a los demás a hablar sobre ellos mismos.
8. Ten en cuenta los intereses de la otra persona cuando hables con ella.
9. Haz que la otra persona se sienta importante. Y que ese sentimiento sea genuino.

## *Obtén cooperación*
CONVENCE A LOS DEMÁS DE TU MANERA DE PENSAR

10. La única manera de obtener lo mejor de una discusión es evitarla.
11. Muestra respeto por las opiniones de los demás. Nunca les digas que están equivocados.
12. Si estás equivocado, admítelo enseguida, abierta y enfáticamente.
13. Comienza siempre con simpatía.
14. Haz que la otra persona responda "sí, sí" de inmediato.
15. Permite que el otro sea el que más hable.
16. Permite que la otra persona crea que la idea es suya.
17. Intenta, sinceramente, ver las cosas desde el punto de vista del otro.
18. Sé empático con los deseos y las ideas de los demás.
19. Invoca los motivos más nobles.
20. Demuestra tus ideas en forma concreta.
21. Plantea un desafío.

*Lidera el cambio*
SÉ UN LÍDER
22. Comienza con una felicitación y una alabanza genuinas.
23. Señala los errores de los demás de manera indirecta.
24. Habla de tus propios errores antes de criticar a otra persona.
25. Haz preguntas en vez de dar órdenes directas.
26. Evita que la otra persona pase vergüenza.
27. Elogia todos los progresos, hasta el más mínimo. "Alaba genuinamente y no escatimes en elogios".
28. Otorga a la otra persona una buena reputación para que pueda estar a la misma altura.
29. Estimula a los demás. Haz que los errores parezcan fáciles de corregir.
30. Haz que la otra persona se sienta feliz de hacer lo que le sugieres.

# PARTE I

*Abre la puerta al liderazgo que hay en ti: mejora tu líder interior*

Parte I, "Abre la puerta al liderazgo que hay en ti", abarca la primera parte del Modelo para un liderazgo exitoso de Dale Carnegie: ser modelos de las conductas que deseamos ver en los demás.

### Modelo para un liderazgo exitoso de Dale Carnegie

En este apartado, incluiremos los primeros principios de relaciones humanas de Dale Carnegie:

1. No critiques, juzgues ni te quejes.
2. Brinda elogios genuinos y sinceros.

3. Genera anhelos en el otro.
4. Interésate genuinamente en los demás.
5. Sonríe.
6. Recuerda que para cualquier persona y en cualquier idioma, su nombre es la palabra más dulce e importante.
7. Aprende a escuchar y alienta a los demás a hablar sobre ellos mismos.
8. Ten en cuenta los intereses de la otra persona cuando hables con ella.
9. Haz que la otra persona se sienta importante. Y que ese sentimiento sea genuino.

Estas ideas, juntas, formarán una base sólida que te permitirá mejorar tu líder interior.

---

**Es hora de dejar de hacer y empezar a liderar.**

---

# 1

# Valoración de uno mismo

—*Fran, ¿puedo hablar contigo un minuto?* —*Warren Cantel estaba de pie, junto a la puerta de la oficina de su mentora, Fran Bianco.*

*Fran Bianco era la directora principal de Recursos Humanos de una cadena nacional de restaurantes, y Warren respondía directamente a ella. Warren tenía un poco más de cuarenta años, lentes y una pancita incipiente, y se estaba quedando calvo; parecía más un tío bonachón que un ejecutivo despiadado. Como analista de Recursos Humanos, había sido brillante, y Fran lo había nombrado gerente hacía dos meses; pero Warren nunca había logrado sentirse a gusto en ese puesto.*

*Cuando vio su rostro de preocupación, Fran se preguntó —y no era la primera vez que lo hacía— si no se había equivocado al ascenderlo.*

—*Claro, Warren, pasa.* —*Fran cerró la ventana en el monitor de su computadora y le prestó toda su atención*—. *¿Qué necesitas?*

*Warren suspiró y se sentó.*

—*Es por Carl. Vivo pidiéndole que redacte la descripción de los empleos para el reclutamiento del mes próximo y no me hace caso. Soy lo más amable que puedo... Sé que tiene algunos problemas en su casa, y por eso soy paciente con él. Pero bueno... la situación se está volviendo ridícula. Me promete que los va a entregar y después no lo hace. Siento que me está faltando el respeto. Estoy a punto de explotar.*

—¿*Cómo intentaste solucionar el problema?* —*preguntó Fran.*
—*Primero, tuvimos una reunión, y ahí le expliqué qué era lo que necesitaba y para cuándo. Creí que no había ningún problema, pero llegó la fecha de entrega convenida... y nada. Simplemente, la pasó por alto. Cuando le reclamé el trabajo, me dio una excusa y dijo que entregaría las descripciones en un par de días. Los días pasaron, y la excusa fue otra. Le envié correos electrónicos y mensajes de texto como recordatorios, pero nunca me respondió. Es más, se tomó tres días de licencia por asuntos personales. ¿Tendría que hacer yo las descripciones y encargarme de Carl después? No tardaría más de una hora en tenerlas listas.*

*Fran había observado este problema en otros empleados que eran ascendidos a gerentes. Es frecuente que, a los que antes fueron sus compañeros, les cueste verlo como líder; esto se debe en gran parte a que el compañero ascendido no logra transformarse de "la persona que hace algo" en "la persona que logra resultados mediante otros y con ellos".*

—*No creo que debas hacerte cargo de su trabajo, Warren. Te propongo que pruebes algo diferente.* —*Fran se dio cuenta de que, para que su equipo lo respetara, Warren debía valorarse a sí mismo*—. *Creo que lo primero es que tú te veas como líder.*

—*Está bien, Fran. Confío en ti.* —*Warren se pasó la mano por la cabeza calva*—. *Estoy dispuesto a hacer lo que sea, porque no se trata solamente de Carl. Es todo el equipo. Dime qué tengo que hacer.*

Para que las personas nos sigan como líderes, es necesario que primero nos vean como su modelo de conducta. No se trata de decirles qué deben hacer y esperar a que lo hagan; o peor, hacerlo nosotros mismos. Todo lo contrario: debemos representar las cualidades que deseamos estimular en las personas a nuestro cargo. Esto implica profundizar los conceptos de valoración de uno mismo, responsabilidad, interés en los demás y pensamiento estratégico.

---
**La transición hacia el liderazgo
primero ocurre en la mente.**
---

Pallavi Jha, presidenta y gerenta general de Capacitaciones de Dale Carnegie en India, comparte el siguiente consejo para líderes emergentes. "La transición hacia el liderazgo primero ocurre en la mente. Para alguien que recién comienza a afilarse los dientes como líder, la transición debe ocurrir en la mente. Nadie llega a ser líder si no lo merece. Suponiendo que eres seguro de ti y decidido por naturaleza, el mayor desafío es dejar de hacer lo que venías haciendo para convertirte en líder. Las cualidades que permitieron tu ascenso no son las mismas que te convertirán en un líder eficaz. Si te nombran gerente, deberás comandar a tus propios compañeros. Es un problema de relación: antes eras como yo, y ahora eres mi jefe".

Como ocurrió con Warren Cantel, el primer paso para convertirse en un líder eficaz es cambiar la perspectiva de "el que hace" a "el que lidera". Y eso se logra percibiéndonos como tales.

Cynthia Miller* estaba a punto de llorar. Acababa de recibir los resultados de su evaluación de desempeño de 360 grados, y no podía creer que esos fueran los resultados. Cynthia era una de las gerentes principales en una empresa farmacéutica; tenía a su cargo el departamento contable y reportaba directamente al director de finanzas. Como la persona absolutamente racional, con el lado izquierdo de la mente más desarrollado, que era, conocía a fondo los procesos y procedimientos contables y creía que, si las personas a su cargo se limitaban a aplicarlos sistemáticamente, lograrían los mismos resultados que ella.

---
* Los nombres se modificaron por cuestiones de privacidad.

Cuando le pidieron a Cynthia que evaluara su propio liderazgo, dijo que creía que estaba haciendo un buen trabajo organizando reuniones, explicando en detalle la manera correcta de proceder y compartiendo los problemas para resolverlos en grupo.

"¡Pensé que les caía bien!", le dijo al asesor que repasaba los resultados con ella. Sin embargo, la sección de comentarios "confidenciales" incluía algunas opiniones de una honestidad tan brutal que resultaba difícil no detenerse en ellas. Las respuestas decían, por ejemplo, "Es una desgraciada y lo único que le importa es que hagamos todo a su manera" o "Delega pero no te ofrece los recursos necesarios; después, entra en pánico, te quita el proyecto y se queja de que tiene que hacer todo sola" o "Si te equivocas, seguro que lo trae a colación en una reunión de trabajo".

¿Cómo podía ser que la percepción de Cynthia sobre su liderazgo estuviera tan fuera de sincronía con la de las personas a su cargo?

Veamos ahora el ejemplo de Mark Pilsner. Al igual que Cynthia, Mark es un líder de primer nivel, pero no trabaja en una farmacéutica, sino en una gran empresa de servicios de salud. Mark es el nexo entre la empresa y las muchas agencias externas con las que la compañía lleva investigaciones a cabo. No hay día en que Mark no dé presentaciones, participe de entrevistas y represente a la empresa frente al público.

En lo que respecta a su liderazgo, Mark se considera una persona sin vueltas, honesta y abierta con el equipo a su cargo; y espera lo mismo de ellos. Elogia a quien se lo merece, pero no está dispuesto a alabar a los que no cumplen con los estándares de rendimiento. Sabe que esa actitud le resta popularidad, pero supone que es el precio que debe pagar para lograr un buen desempeño en los miembros de su equipo. Su evaluación de 360 grados no lo sorprendió. Las personas a su cargo lo calificaban de "arrogante", "sabelotodo" y, peor aún, de "irrespetuoso".

¿A qué se deben esos resultados? Tanto Cynthia como Mark son líderes poco eficaces, con culturas que socavan el desempeño y la moral. En el primer caso, el resultado de la encuesta deja a la líder azorada, porque ella está convencida de que su modo de liderar es el correcto. En el segundo, el líder sabe que no genera simpatía, pero sí supone que es eficaz.

Todos, ocupemos un rol de liderazgo o no, tenemos puntos ciegos. Es decir, aspectos de nosotros mismos que desconocemos. A veces, otras personas pueden identificarlos, pero nosotros no; a veces, son áreas de crecimiento todavía no reveladas.

## Puntos ciegos versus valoración de uno mismo

Todos tenemos puntos ciegos, e iluminarlos puede ayudarnos a vislumbrar áreas de fortaleza y oportunidades de crecimiento. Elizabeth Haberberger, presidenta de la filial de St. Louis, nos comparte una historia que describe cómo tomar conciencia de nuestros puntos ciegos como líderes puede provocar un verdadero momento de inflexión.

> "Hace algunos años, el director ejecutivo de una compañía constructora millonaria contrató a un gerente de proyectos. Lo vamos a llamar Scott para proteger su privacidad. Aproximadamente un año después, también contrataron a su hermano menor, Kevin (tampoco es su nombre real). Durante un año, los hermanos fueron compañeros, pero, al año siguiente, ascendieron a Kevin. Scott le preguntó al director ejecutivo:
> 
> —¿Por qué ascendió a mi hermano? Yo tengo más tiempo en la empresa y se suponía que sería el próximo en ascender.
> 
> El director ejecutivo le pidió que tomara asiento.
> 
> —No te ascendí porque, para serte honesto, tus compañeros no te tienen aprecio. No confían en ti. Eres bueno

en lo que haces, pero con eso no basta. No tienes la misma relación con tu equipo que Kevin.

Scott salió furioso de la oficina. Focalizar la luz sobre el punto ciego de alguien puede ser incómodo, pero este director ejecutivo tuvo el coraje de hacerlo.

Al día siguiente, Scott regresó a la oficina del director.

—Tiene razón. En realidad, ya sabía cuál era la situación. Pero no quiero ser esa persona que nadie aprecia o en la que nadie confía. Dígame qué debo hacer.

El director le aconsejó que hiciera una capacitación en liderazgo. Eso despertó la curiosidad de Scott y lo motivó a cambiar y a acercarse a nuevos enfoques y destrezas. Aprendió a conectarse con los demás, a obtener su cooperación y a fomentar la colaboración. Ahora Scott es uno de los principales líderes en la empresa".

Esta historia es un bello ejemplo de que todos necesitamos tomar conciencia de nosotros mismos, entender qué debemos cambiar y tener el deseo de hacerlo.

¿Qué condiciones hicieron que Cynthia fuera tan ciega con respecto a sus debilidades? Ahora que tomó conciencia de ellas, ¿sabe qué hacer para revertir la situación?

Mark, en cambio, no está dispuesto a cambiar. Aunque se le brinden las herramientas y el conocimiento para modificar su forma de liderazgo, no lo va a hacer porque no cree que ese cambio sea necesario.

En ambos casos, los que pierden son las personas a su cargo. Los liderazgos de Cynthia y de Mark no promueven mayores niveles de productividad en los demás. Todo lo contrario; inspiran enojo, resentimiento y terror de ir a trabajar.

Las empresas también se perjudican, porque si su cultura avala que un líder se comporte así, esa forma de liderazgo puede propagarse como un incendio forestal. Eso provocaría renuncias, lo que insume tiempo y dinero.

Cynthia y Mark también pierden. Porque, aunque no sean conscientes del problema, como Cynthia, o sí sean conscientes pero no les importe, como Mark, es imposible no verse afectados por un ambiente laboral tóxico, lo que disminuirá significativamente las probabilidades de que los asciendan.

¿Entonces la clave está en brindar a estos líderes más tecnología, más recursos o mejor financiación? No. Está en fomentar la valoración de sí mismos y ofrecerles las herramientas para que se conviertan en modelos de conducta positivos para las personas a su cargo.

## Reputación versus identidad

¿Cuál es la diferencia entre reputación e identidad? La reputación es cómo los otros nos ven, y la identidad es cómo nos vemos a nosotros mismos. En los casos de Cynthia y Mark, su identidad era la de líderes fuertes, pero su reputación era mala. En el caso de Warren Cantel, él sabía que no era un líder eficaz, y las personas a su cargo coincidían con la apreciación. Estos ejemplos ilustran la diferencia entre identidad y reputación. Es necesario valorarnos tal como somos para evaluar nuestra capacidad de liderazgo con precisión y luego desarrollar una reputación como modelos de buenas conductas.

> **Cuanto más ancha sea la brecha entre nuestra identidad y nuestra reputación, menos eficaces seremos como líderes.**

¿Cómo puede un líder corroborar que su identidad y su reputación estén alineadas? El primer paso es valorarse a uno mismo.

## Cualidades que determinan la valoración de uno mismo

¿Cuáles son, entonces, las cualidades de alguien que se valora a sí mismo?

- Autonomía
- Autocontrol
- Ganas de desarrollarse
- Seguridad en uno mismo

Analicemos cada punto más en detalle.

Ser *autónomo* implica tener una guía interior. Querer alcanzar metas y tomar las medidas necesarias para lograrlo. Todos tenemos metas que queremos alcanzar, pero la diferencia entre una quimera y una meta son los pasos que damos para que el sueño se concrete. El comediante Steve Harvey cuenta que, cuando estaba en la escuela primaria, se puso de pie en clase y, con voz temblorosa, anunció que algún día estaría en la televisión. Eso provocó la risa de su maestra y de sus compañeros. Cada año, Harvey le envía un televisor nuevo a esa maestra para recordarle que él logró su objetivo con determinación y esfuerzo.

*Autocontrolarse* implica tener la madurez para controlar el comportamiento. Elaborar una estructura (puede ser un presupuesto, un plan para la administración del tiempo u otro sistema) que guíe nuestro comportamiento hacia los objetivos que queremos alcanzar y ceñirse a ella. Alan Mulally asumió como director ejecutivo de Ford en 2006; en tres años, en medio de la Gran Recesión, transformó las pérdidas de 12.000 millones de dólares en ganancias. Mulally sostenía que lo más importante eran las personas y, por eso, se preocupó para que todos conocieran el plan, sus posibles consecuencias adversas y las áreas que requerían atención especial. Si alguien no estaba de acuerdo con este método de trabajo, su respuesta era un calmo "No hay problema", seguido de la sugerencia amable de que optara por nuevos rumbos. No se fastidiaba, porque tenía en cuenta la individualidad de cada persona y porque admitía que la cultura que proponía no se adecuaba a todos los líderes y que significaba un cambio en la forma en la que la empresa siempre había trabajado.

Las *ganas de desarrollarse* hablan del crecimiento constante. De leer libros y asistir a clases para aprender habilidades nuevas y mejorar las que ya se tienen. Indra Nooyi es una campeona apasionada en eso de hacer preguntas, ser curiosa y estar dispuesta a aprender. La exdirectora ejecutiva de Pepsico nos aconseja que nunca nos conformemos con el conocimiento que tenemos e ir más allá.

Por último, *ser seguro de uno mismo* no implica solamente ser extrovertido o carismático. Se trata también de tener la convicción de que podemos impulsar un cambio en nosotros mismos y en los demás. Cuando la mina en Chile colapsó, Luis Urzúa no desperdició tiempo pensando si contaba o no con las cualidades necesarias para liderar y mantener con vida a un grupo de mineros; se hizo cargo de la situación con la seguridad que requería el momento.

## No te subestimes

El escritor León Tolstói dijo una vez: "No es quienes somos lo que nos impide avanzar; es lo que creemos que no somos". Gaweed El Nakeeb, instructor calificado de Carnegie en Egipto, da este consejo a los líderes emergentes: "No se subestimen. Aléjense de la zona de confort. Demasiado a menudo malgastamos nuestra vida porque creemos que carecemos de medios y recursos. Arriésguense. No se limiten".

Sigue: "Es fácil saber cómo ser un buen líder. Hay muchísima información disponible. El problema no es la falta de conocimiento. Es tener la actitud correcta y la disciplina para poner en práctica lo que sea necesario; es reprimir nuestro ego y decir 'Debo aprender algo nuevo y voy a estar abierto a aprender algo nuevo'".

## Conviértete en un líder de influencia

Los *líderes de influencia* trabajan para que los miembros de un grupo vivan la experiencia de alcanzar un logro; dejan que otros aporten sus conocimientos y dan un paso al costado para orientar desde bambalinas y dejar que ellos se hagan cargo de la tarea, para que, al final, el equipo pueda decir "Lo logramos", en vez de señalar a su líder y decir "Él o ella lo logró". En su libro *Good to Great*, el escritor Jim Collins nombra a muchos directores ejecutivos que fueron exitosos durante décadas, pero que casi nadie conoce. Estas personas pusieron el foco en hacer crecer a sus empresas y sus equipos, en vez de erigirse en "los líderes" responsables de esos éxitos.

Por otro lado, están los *líderes de poder*; ellos necesitan tener la razón y demostrar que son los que saben. Los define su ego y menosprecian a todos los que los rodean. Hay muchos, muchos líderes famosos, cuyo objetivo es sacar lustre a su propia reputación para aparecer en la tapa de las revistas o la primera plana de los diarios como "el líder" responsable de un éxito. Puede que les vaya bien en el corto plazo, pero rara vez generan otros líderes ni talento a su alrededor y se convierten en una fuente de éxito no sustentable.

Un líder puede estar a cargo del equipo más inteligente y talentoso, pero si él o ella están contaminados con ideas y habilidades típicas de un liderazgo poco eficaz, no lograrán la confianza, la empatía ni la cooperación voluntaria de su equipo. No sirve de nada tener un gran equipo si no somos capaces de guiarlos hacia el éxito. Valorarse a uno mismo es el primer paso para lograrlo.

## Valorarse a uno mismo versus egoísmo

Hay una diferencia entre valorarse y ser egoísta. Al valorarnos, entendemos la conexión entre las experiencias del pasado y el comportamiento actual. Si conocemos nuestros valores y desencadenantes emocionales, si tenemos una idea clara de nuestra concepción del mundo y de nuestra personalidad, estaremos mejor capacitados para vernos en el otro. En cambio, los egoístas dirigen la luz hacia ellos mismos, cuando, en realidad, el liderazgo no se centra en los líderes, sino en lo que esos líderes logran en las personas a su cargo.

Para hacer foco en la valoración de uno mismo, se necesita un líder que tenga en cuenta el crecimiento personal, porque él o ella verán la conexión entre el crecimiento personal y un liderazgo eficaz en aumento. Cuanto más crezca el líder, más podrá concentrarse en hacer crecer y desarrollar a los demás, y en sacar a relucir su grandeza.

## ¿Te conoces a ti mismo?

Es irónico pero la mayoría de las personas creen que se conocen a sí mismos más de lo que en realidad lo hacen. Por ejemplo, los líderes de mayor nivel sobreestiman sus capacidades, en comparación con lo que los demás perciben de ellos.

¿Esto por qué es? Por un lado, porque cuanto más alto sea el lugar que ocupemos en una organización, menos posibilidades tendremos de hallar quienes estén dispuestos a darnos una opinión sincera. Lo más común es que opten por "chuparle las medias" al jefe para quedar bien, y eso provoca una visión distorsionada de la realidad.

Por otro lado, a veces, nuestros deseos de escuchar se diluyen. Tendemos a atribuir los éxitos a nuestros propios talentos y a creer que, por definición, el que ocupa una posición más alta dentro de la estructura de una organización es el que sabe más, y que está más capacitado que las personas a su cargo… al menos eso es lo que piensan algunos líderes.

## Cómo aprender a valorarse uno mismo

Para ser un líder que se valora, lo primero que debes hacer es mirarte al espejo. Aprovecha toda oportunidad de autoevaluarte y también de recoger las opiniones de otros (y no solo de aquellos que sabes que te dirán cosas bonitas). Pide la opinión de aquellas personas con las que tengas algún conflicto. Capacítate y lee libros. Reflexiona diariamente acerca de tu interacción con los demás y de la influencia que puedas haber tenido en ellos. Desarrolla una "rutina de valoración de uno mismo": comienza cada día planteándote cómo quieres ser y, más tarde, piensa si lograste el cometido. El líder de equipo de Dale Carnegie, Jonathan Vehar, cuenta la historia de alguien que decidió tener conversaciones con familiares, compañeros de trabajo, amigos y clientes —veinte personas en total— para preguntarles qué opinión tenían de sí mismos. Estas personas intentaron definir qué modelo de conducta representaban. Las conversaciones se centraron en entender cuáles eran sus puntos fuertes y cuáles, sus puntos débiles. Vehar decía que buscaba "la mugre", esos aspectos realmente desagradables que él podía mejorar. En esas charlas, Vehar descubrió en ellos características importantes y también fortalezas que nunca había imaginado. Más adelante, esas fortalezas se convirtieron en la base del éxito de esas personas.

## Identificar los puntos ciegos

Como mencionamos antes, los puntos ciegos pueden ser la muerte del liderazgo eficaz. Una investigación del área de Capacitaciones de

Dale Carnegie identificó cuatro aspectos centrales en los que quizá no nos damos cuenta del impacto que causamos. Son aspectos en los que creemos que hacemos lo que corresponde, pero no es así.

1. Felicitar y elogiar. La mayoría de las personas se quejan de que no reciben opiniones sobre su desempeño, en especial cuando se trata de felicitaciones y elogios. Y la mayoría de nosotros sabemos que no somos muy generosos con las alabanzas.
2. Admitir que estamos equivocados. Nos preocupamos demasiado por explicar por qué hicimos algo o por buscar excusas, cuando bastaría con admitir enfáticamente que metimos la pata y luego intentar enmendar el error.
3. Escuchar, respetar y valorar las opiniones de los empleados. Por el lugar que ocupan, los líderes no saben, ni pueden saber, qué ocurre en el frente de batalla. Por eso, debemos ir hasta allí y creer en lo que esas personas dicen, sin desestimar sus conceptos porque difieran de los nuestros.
4. Generar en los empleados la confianza de que somos honestos con nosotros mismos y con los demás. Es cierto que los líderes no siempre pueden compartir su información; pero cuanto más transparentes y honestos sean, más confianza y lealtad promoverán en sus equipos.

Tener conciencia de estos puntos ciegos puede ayudarnos a distinguir con mayor claridad la brecha entre nuestra conducta real y nuestra conducta deseada cuando intentamos obtener lo mejor de aquellos que buscan nuestro liderazgo. Los líderes que se esfuerzan por identificar los puntos ciegos en estos cuatro aspectos y que aprenden a solucionarlos cuentan con un potencial considerable para influir en la experiencia que tienen como empleados en las personas que dependen de ellos e interactúan con ellos.

Cuando evalúes la influencia de tu comportamiento en otros, no olvides estos consejos:

- Presupone que no serás objetivo al evaluar tus capacidades. Eso quiere decir que necesitas ayuda. Hay distintas herramientas de evaluación de 360 grados que te permitirán comprender lo que perciben las personas que están a tu cargo.
- Prepárate para recibir opiniones. Apartar el ego puede ser difícil; para muchos, resulta beneficioso aprender técnicas que los ayuden a aceptar las opiniones desde un punto de vista constructivo.
- Valora la intención. Recibir opiniones que señalen tus puntos ciegos puede resultar incómodo; pero recuerda que hacer una crítica constructiva también es difícil. Lo más probable es que esa persona esté tratando de ayudar.
- Altera las rutinas. Nos volvemos ciegos a lo que nos rodea cuando nos aferramos a nuestra manera de actuar y somos rutinarios en nuestra forma de comprometer a los demás; eso incluye la reacción ante los problemas, la organización de reuniones o las instrucciones que se da a los empleados.
- Simplemente actúa. Estos comportamientos de liderazgo son tan importantes que es imposible equivocarse si se toman medidas para perfeccionar su adopción. El simple hecho de aprender puede promover una mayor introspección. Por lo tanto, actuar tiene un doble beneficio: ser más consciente de nuestro desempeño y, a la vez, mejorarlo en lo que respecta a estas conductas cruciales, cuyo fin es motivar a los empleados.

Nunca podremos eliminar nuestros puntos ciegos por completo; son parte de la naturaleza humana. Sin embargo, si combinamos la autorreflexión sincera con un esfuerzo específicamente enfocado en eso, podremos avanzar sin riesgos hasta convertirnos en los líderes excepcionales que queremos ser.

Junto con la valoración de ti mismo, adopta lo que se conoce como "la mente del que aprende". Sé abierto y curioso, no te preocupes por equivocarte o cometer errores. Esfuérzate por elevar tus objetivos al máximo, pero deja el ego en la puerta.

En el siguiente capítulo, nos dedicaremos a otro elemento importante del liderazgo: la responsabilidad.

## CONCLUSIONES CLAVE

- Esencialmente, liderar es una manera de obtener resultados mediante otras personas y con ellas.
- El "liderazgo" es acerca de las personas que hacen algo y el "gerenciamiento" es acerca del proceso.
- Los líderes sobresalientes:

    1. Asumen responsabilidades para el futuro
    2. Generan una cultura de confianza
    3. Crean una cultura de colaboración
    4. Se comunican con eficacia
    5. Demuestran confiabilidad

- Para que las personas nos sigan como líderes, es necesario que primero nos vean como su modelo de conducta. Esto implica profundizar los conceptos de valoración de uno mismo, responsabilidad, interés en los demás y pensamiento estratégico.
- La transición hacia el liderazgo primero ocurre en la mente.
- Los puntos ciegos son aspectos de nosotros mismos que desconocemos. A veces, otras personas pueden identificarlos, pero nosotros no.
- Cuando los demás pueden ver un punto ciego y nosotros no, existe una diferencia entre identidad y reputación.

- Cuanto más ancha sea la brecha entre nuestra identidad y nuestra reputación, menos eficaces seremos como líderes.
- El secreto para cerrar la brecha es aumentar la valoración de uno mismo.
- La valoración de uno mismo puede crecer cuando estamos abiertos a recibir opiniones provenientes de diversas fuentes.

# 2

# Responsabilidad

*Hacía tres días que el sobre estaba en su escritorio; Warren Cantel sabía que tendría que abrirlo en algún momento. Su jefa, Fran, había encargado una evaluación de desempeño de 360 grados para él, y los resultados ya habían llegado. Warren había completado el cuestionario extensísimo, al igual que Fran, los demás gerentes y las personas a su cargo (la mayoría de las cuales habían sido sus compañeros hasta no hacía mucho). Al día siguiente, tenía una reunión con Fran para conversar sobre los resultados y quería saber de antemano lo que sus colegas habían opinado sobre sus cualidades de liderazgo.*

*Warren tomó el sobre y lo abrió, murmurando:*

*—El momento es ahora. —A medida que sus ojos se desplazaban por la primera página de la evaluación, empezó a sentir un vacío en el estómago. Era tal como lo había imaginado: todos lo odiaban.*

*—No te odian, Warren. —Fran pasaba rápido las hojas con los resultados—. Desde ya que hay puntos para mejorar. Pero también hay mucho positivo. Mira.*

*Durante una hora, Fran le demostró que los resultados no eran, ni remotamente, lo malos que él sentía. Sus jefes (Fran y su superior) lo habían calificado con cuatro de cinco estrellas en todas las áreas clave de liderazgo. La calificación de los otros gerentes había sido un poco más baja, de tres estrellas y media, en gran parte porque todavía no lo conocían bien. Una de las personas a su cargo desplomó el promedio al otorgarle una estrella en cada punto, pero las calificaciones del resto del equipo habían sido más positivas. Aunque la evaluación era anónima, Warren estaba seguro de que el de las calificaciones bajas era Carl. ¿Quién otro podía ser?*

*—No importa quién te dio una calificación negativa. —Fran sonrió como si le hubiera leído la mente—. Lo que importa es que te hagas responsable por estos resultados. Elige tres áreas de crecimiento y comunícales a las personas a tu cargo que trabajarás en ellas.*

*Junto con Fran, Warren decidió que trabajaría en su actitud de escucha, en la fijación de metas claras y en la dirección del proceso para alcanzarlas. Lo tranquilizaba saber que no había quejas con respecto a su integridad.*

*—Muchísimas gracias, Fran. —Warren cerró la carpeta con el informe y se puso de pie para regresar a su oficina—. Me siento mucho mejor. Me voy a reunir con cada uno de los que participaron de la evaluación para agradecerles y comentarles las conclusiones.*

*De camino hacia su oficina, sin embargo, algo seguía preocupándolo. Carl. ¿Cómo podía mejorar la relación con alguien que estaba a sus órdenes y sentía tanto rencor por él?*

## La responsabilidad es un asunto personal

Al escuchar la palabra "responsabilidad", se nos viene a la mente la idea de "hacernos responsables" por nuestras acciones, por los resultados que obtenemos o por alguna conducta que pudiera llamar la atención. Si enviamos a un equipo a una capacitación en ventas, los hacemos responsables de que logren mejorar las ventas.

A pesar de que exige un componente público, la idea de responsabilidad se gesta en nuestro interior. Ser responsables de lo que decimos y hacemos son componentes esenciales de un modelo de conducta positivo. No se trata de tener una imagen de responsabilidad corporativa, sino de lo que hacemos y decimos todos los días. Ser íntegro es predicar con el ejemplo.

¿Qué haces si, en un restaurante, el adicionista olvida incluir un plato en tu cuenta? ¿Lo consideras un "descuento" y pagas de menos alegremente? ¿O le informas de su error y pagas por lo que de veras pediste?

¿Te preocupas por mejorar tus habilidades y capacidades, con el fin de cometer menos errores en el trabajo? Si queremos ser un modelo de conducta eficaz, debemos crecer y capacitarnos continuamente. No sirve dormirse sobre los laureles después de obtener ese ascenso que creíamos merecer.

¿Te fijas metas y haces progresos notorios para alcanzarlas? ¿O eres de esos que se lo pasan diciendo que "algún día" lograrán tal o cual meta personal o profesional?

¿Cómo calificarías tu capacidad para tomar decisiones? ¿Piensas en las decisiones que tomas y buscas maneras de mejorarlas? ¿O sigues adelante sin reflexionar sobre tu accionar?

Ser verdaderamente responsables es aceptar la responsabilidad por los detalles.

Anita Zinsmeister, presidenta de la filial de Dale Carnegie en el centro y sur de New Jersey, nos cuenta una historia.

> "La vicepresidenta ejecutiva de una importante compañía farmacéutica, dedicada a la investigación y el desarrollo en farmacología clínica, participó de una gran fusión entre su compañía y otro equipo. Esta fusión generaba mucha incertidumbre porque el trabajo era verdaderamente crítico. Se trataba de especialistas con conocimientos técnicos comprobados, pero con habilidades interpersonales poco desarrolladas. A esto había que agregar las diversas diferencias culturales. El desafío de lograr un ambiente de traba-

jo armonioso era enorme. La intención de la vicepresidenta era ofrecer capacitación para facilitar el establecimiento de vínculos entre los miembros del equipo. Sin embargo, se dio cuenta de que debía trabajar con las distintas áreas por separado si quería lograr un cambio. Finalmente, se responsabilizó por el resultado.

"La vicepresidenta hizo una evaluación de las necesidades y obtuvo el consentimiento para diseñar la capacitación. Pero, en vez de enviar a los equipos a 'aprender, mejorar y regresar a su trabajo', se sumó al proceso. Y no lo hizo solo para ocupar un asiento; se volcó de lleno. Tomó más notas que nadie, felicitó y elogió, y aceptó la opinión de los demás. Después de pasar por la experiencia y demostrar su deseo de liderar un equipo que trabajara bien y en armonía, los empleados entendieron su compromiso y fueron extremadamente leales a su liderazgo. El desempeño creció al máximo. Lo que influyó en ellos fue el grado de responsabilidad personal de la vicepresidenta con respecto al éxito del equipo. Ella entendió que el sentido de la oportunidad era determinante y que la forma de promover un cambio no era indicándoles cómo tenían que actuar. Sabía que tenía que predicar con el ejemplo las acciones y las actitudes que quería que ellos adoptasen. Funcionó. Dentro de la organización, ese grupo se destacó por ser un equipo de excelente rendimiento".

---

**No importa lo alto que sea tu puesto; nunca dejes de aumentar tus habilidades y sé ejemplo de lo que deseas que tu equipo logre.**

---

## Las cualidades de la responsabilidad

¿Cuáles son las cualidades de alguien responsable?

- Ser competente
- Demostrar honestidad e integridad
- Guiar el progreso hacia las metas
- Tomar decisiones eficaces

Analicemos estas cualidades con más detalle.

Alguien *competente* es alguien capaz de hacer el trabajo. Es decir, cuando alguien le asigna una tarea, sabe hacerla. Y, si no, rápidamente pide ayuda o adquiere las destrezas necesarias. La vicepresidenta de la historia de Anita entendió que, a pesar de ser buena en el trato con las personas y de sus conocimientos técnicos, debía mejorar la relación con los integrantes de su equipo. Hacía falta algo más para llevar a cabo el trabajo.

La *honestidad* y la *integridad* son dos condiciones importantes para ser responsable. ¿Por qué? Porque todos cometemos errores, y alguien honesto e íntegro los reconoce y se esfuerza por enmendarlos. Este es uno de los pilares básicos de un modelo de conducta poderoso. El fracaso de muchas empresas se debe a que sus empleados no reconocen sus errores e invierten más tiempo tratando de ocultarlos que buscando resolverlos. Durante años, Volkswagen supo que tenía un problema con los niveles de emisiones contaminantes de sus vehículos con motores diésel y nunca lo solucionó. Para junio de 2020, el escándalo le había costado 33.300 millones de dólares a la compañía y acabado con la carrera de muchos de los involucrados.

*Guiar el progreso hacia las metas* es otro elemento importante de la responsabilidad. El camino hacia las metas nunca es lineal. Por lo general, como en algunos juegos de mesa, "damos dos pasos para adelante y uno para atrás". Ser capaz de conducir este proceso sin darse por vencido ni detener el avance, es un modelo de conducta que exhiben los líderes eficaces.

En 1942, Chester Carlson patentó la "xerografía", el proceso que permitió el surgimiento de las máquinas fotocopiadoras, las impresoras láser y las LED. La compañía que introdujo esta tecnología, Haloid/Xerox, trabajó durante décadas para crear una máquina fácil de usar, la que finalmente se presentó en el mercado en 1960. En varios momentos a lo largo del proyecto, hubo quien intentó desistir. Por suerte, siempre hubo un líder que los alentara a seguir, hasta que, finalmente, lo lograron y cambiaron la manera de trabajar.

*Tomar decisiones eficaces.* Ten en cuenta que no decimos "Tomar decisiones perfectas todo el tiempo". Solo es posible tomar decisiones sobre la base de la información con la que contamos en el momento, y hay muchos factores externos que influyen. Ser responsable implica tomar decisiones eficaces la mayor cantidad de veces posible y atreverse a modificarlas cuando las circunstancias varían. Cuando se desató la crisis por COVID-19, a principios de 2020, Herb Escher, presidente de la filial de Dale Carnegie en el oeste de New York, reunió a su equipo y le aseguró que nadie sería despedido, pero que los servicios que ofrecían a los clientes debían dar un vuelco, ya que la actividad normal se había cancelado por orden del Estado. Con Herb a la cabeza del equipo, y teniendo en cuenta la información brindada por una base de clientes leales, tomaron la decisión de rápidamente migrar de las operaciones cara a cara a la atención en un espacio virtual; a las pocas semanas, ya estaban generando las ganancias necesarias para pagar los salarios y mantener la compañía a flote.

### Ser competente

¿Qué significa ser un líder "competente"? ¿Que es ser el que más sabe de un tema determinado? No necesariamente. ¿Es cuestión simplemente de no ser un imbécil arrogante? No, es más que eso. Se trata de aceptar en serio nuestra propia identidad como líderes. Como ya dijimos, las cualidades y los atributos que nos ubican como líderes no son necesariamente los que definen a un líder competente. Elizabeth Haberberger lo explica así: "Nadie sabe lo que hace. Mi postura con respecto a eso es bastante particular. No finjo. Tengo treinta y un años, y recién el año pasado comencé a aceptar qué es lo que implica mi trabajo. Parece que los líderes saben lo que hacen. Quizás, al ser una mujer joven, podría sentirme intimidada por otros líderes con más poder y experiencia; pero lo cierto es que nadie sabe lo que hace".

En la mayoría de los casos, no existen algoritmos que indiquen a los líderes cómo tomar decisiones difíciles. Lo cierto es que se trata de una danza entre la improvisación basada en la experiencia, la información que evoluciona y un ambiente en cambio constante. No hay libro que enseñe qué es lo que tu organización necesita hacer en una situación determinada para lograr los resultados que se esperan.

¿Cómo puedes desarrollar, entonces, la competencia de liderazgo? Dedica tiempo a aprender e invierte en ti. Lee todo lo que puedas. Warren Buffett, uno de los inversionistas más importantes del mundo, lee entre cinco y seis horas *por día*. Es una de las razones a las que atribuye su éxito y alienta a los que lo rodean para que lo imiten. ¿Qué deberíamos leer? Hay una cantidad infinita de libros. Lee, escucha pódcasts y a otros líderes, asiste a reuniones de *networking* o con personas con intereses similares y participa. Reserva un tiempo para aprender y no temas expresar tus opiniones, aunque no estés seguro del tema. Si tus ideas nunca salen a la luz, nadie te verá como un líder.

Elizabeth compartió esta historia. "Hace un año, contratamos a alguien. El equipo era reducido: Jackie era la sexta integrante. Los demás ya estaban en la empresa cuando yo llegué. Jackie era una diva. Acababa de cumplir cincuenta y era una persona realmente exitosa, con treinta años de experiencia. Comencé a sentirme insegura. ¿Jackie iba a estar a mi cargo? ¿Podía pensar que yo era una tonta? Me preocupaba que se replanteara haber dejado su empleo en la otra empresa para formar parte de mi equipo. Pero puse en práctica lo que predicamos en relación con el liderazgo y organicé reuniones individuales con ella para hablar de su vida personal y profesional. Hice lo que enseñamos en nuestras clases. Cada semana nos preguntábamos '¿Qué necesitas o no necesitas de…?'. Asociábamos todo con los valores centrales, el norte para seguir, la misión, el plan de tres años y luego analizábamos cómo había salido toda esa semana.

"Cuando nos sintamos inseguros como líderes, debemos dejar que las acciones nos guíen, llevar a cabo pequeñas rutinas con una frecuencia diaria y semanal. No siempre lograremos ver los cambios en nosotros, pero debemos confiar en que esas acciones, continuadas a lo largo del tiempo, conformarán y darán origen a un líder fuerte".

## Una cultura de integridad

*Como hacemos algo es como hacemos todo*

Ryan Turner es dueño de The Shugar Shack, un sitio muy conocido en la playa Huntington donde se sirven desayunos. Su familia lo ha tenido desde la década de los 60. Una mañana, una pareja se sentó a desayunar. El hombre estaba a punto de terminar su tazón gigante de cereales cuando vio un pelo. Tanto el hombre como su compañera eran rubios, y el cabello que encontraron, no.

El hombre llamó al camarero, y este habló con Ryan. Tal como era de esperarse, pidió disculpas una y otra vez. Lo habitual hubiese sido que le descontara el tazón de cereales de la cuenta, pero Ryan Turner fue más allá. No les cobró el desayuno ni al hombre ni a su compañera.

Ryan creyó que reconocer el error y hacer todo lo posible por enmendarlo valía mucho más que los cuarenta dólares de los desayunos. Ryan realmente entendió el concepto de "como haces algo es como haces todo". Esa actitud se transmitió a sus empleados y se convirtió en parte de la cultura del restaurante. Uno de los principios de Dale Carnegie es "Si estás equivocado, admítelo enseguida, abierta y enfáticamente".

Aunque esta sección de *¡Lidera!* está dedicada a las cualidades individuales de los líderes, lo cierto es que no podemos separar la integridad de un líder de la del resto de la empresa.

Si la empresa profesa la cultura de "mirar hacia otro lado" o "No es problema nuestro", es probable que elijan un líder que comparta esos valores. Esta es una de las razones por las que despidieron al director ejecutivo de Volkswagen después del escándalo por las emisiones contaminantes de los motores diésel. Desde ya que estos requisitos no se incluyen en ninguna solicitud de empleo, pero un líder con integridad que se suma a una empresa cuya cultura sea "mirar hacia otro lado" va a tener que enfrentar desafíos enormes. El cambio debe ser cultural.

¿Cómo se logra eso? Si eres un líder que está a favor de la honestidad y la integridad, pero trabajas en un ambiente que no comparte esos valores, ¿cuál es la solución?

*Coraje moral*

La respuesta, por supuesto, es de lo que trata este libro: el liderazgo eficaz. Puede ser arduo modificar la cultura de toda una empresa o, incluso, de un equipo. Pero el líder es el que impone el paso y marca una huella significativa en la cultura. Lo indispensable es dejar en claro los valores por los que los empleados deben regirse.

En mayo de 2018, el director ejecutivo de Starbucks, Kevin Johnson, ordenó que todas las tiendas en Estados Unidos cerraran sus puertas durante un día para que los casi ciento setenta y cinco mil empleados pudieran asistir a una capacitación sobre prejuicios raciales, después de un incidente en que dos clientes negros habían sido arrestados por pedir usar el baño.

"Estuve unos días con mi equipo en Philadelphia, escuchando a la comunidad, entendiendo lo que hicimos mal y evaluando las medidas para solucionarlo", dijo el director ejecutivo de Starbucks, Kevin Johnson. "En Starbucks, y no somos los únicos, tenemos el compromiso de colaborar con la solución de los problemas. Cerrar las tiendas por una capacitación sobre prejuicios raciales es solamente un paso en un camino que requiere la dedicación de todos los niveles de la empresa y de nuestros socios en las comunidades locales".

Alguien puede argumentar que una capacitación de un día no es suficiente, o que era un asunto de Recursos Humanos y no un cambio cultural. Pero nadie puede decir que Kevin Johnson no especificó cuáles eran los valores que quería que las personas a su cargo encarnaran.

¿Cómo saber si un líder es íntegro o no? No tiene que ver con lo que dice. Ni tampoco con algo que podamos observar en las conductas que adoptan. No podemos saber lo que ocurre en la mente de otra persona. Sin embargo, cuando un líder actúa de acuerdo con una serie de valores explícitamente enunciados, en especial si las condiciones son adversas, las personas a su cargo sentirán que es valiente e íntegro. Ser íntegro es "predicar con el ejemplo".

## *Honestidad e integridad*

Kelly Thomas había estado ahorrando para el viaje de graduación de su hija durante más de un año. Pero a diferencia de la mayoría de las adolescentes, Caylee quería viajar en auto con su mamá hasta Los Angeles y presentarse a una prueba para el programa *America's Got Talent*.

Kelly pasó semanas organizando cada detalle del viaje. Desde reservar una casa por Airbnb cerca del lugar de la audición en Pasadena hasta alquilar un convertible para viajar desde New Mexico. Sería una aventura de madre e hija con recuerdos que durarían toda la vida.

Todo salió bien el primer trayecto del viaje, de Albuquerque a Phoenix. El primer Airbnb en el que se alojaron era lindo; y desde allí se dispusieron a completar el viaje hasta Los Angeles. Aplaudieron de alegría cuando llegaron a Pasadena y vieron el sitio donde Caylee se presentaría a la audición. No obstante, Los Angeles era grande e intimidante, y no veían la hora de llegar a la casita que habían alquilado.

Una hora antes de registrarse, recibieron un mensaje a través de la aplicación de Airbnb que decía que había un problema con la cañería, que el dueño se sentía muy culpable y les ofrecía una unidad mejor muy cerca de la otra.

Kelly dudó porque no había tenido tiempo de buscar información sobre este vecindario nuevo, pero sentía la presión de estar en Pasadena con todo su equipaje y ningún lugar donde dormir esa noche. Como ya había pagado por la habitación, aceptó el cambio a través de la aplicación.

Desde el momento en que llegaron al hospedaje nuevo, las cosas fueron de mal en peor. El barrio era horrible, y la casa no era más que una habitación escasamente decorada con muebles que parecían rescatados de un basurero. Caylee estaba a punto de llorar; Kelly intentó contactarse con el dueño, y no le respondió.

Se comunicó con el servicio de atención al cliente de Airbnb, desde donde le informaron que, como ella había aceptado el cambio, no podían hacer demasiado. Podía iniciar un reclamo y quizá recibir un reembolso parcial después de la investigación, pero ella debería haber cancelado la reserva en vez de aceptar el cambio.

Nuevamente, Kelly intentó contactar a los dueños, pero ya no estaban disponibles. La habían estafado, y la política de Airbnb la culpaba a ella.

Por fin, Kelly consiguió un reembolso parcial. Sin embargo, la experiencia dejó una mancha en unas vacaciones que deberían haber sido perfectas.

Quizá creas que esta historia es una excepción lamentable, pero no. Cada vez existen más personas dentro de la economía "no tradicional" que se aprovechan de las industrias desreguladas y estafan a los clientes. ¿Quién tiene la responsabilidad de evitar que esto suceda? El sitio web de Airbnb explica claramente cuáles son las reglas y las políticas en caso de cancelaciones y reembolsos. Pero, si te encuentras en una ciudad desconocida y no tienes un lugar donde dormir, tomar una decisión puede ser difícil. Aunque el problema no se debió a una falla de Airbnb ni de sus representantes, ¿le corresponde a la empresa alguna responsabilidad por una clienta estafada a través de su plataforma? La realidad es que, cuando eres líder, pueden ocurrirte cosas de las cuales eres responsable y cosas de las cuales no eres responsable pero que influyen negativamente en tu imagen, más allá de que estuvieras o no al tanto de la situación o que tuvieras o no control sobre ella. No es justo, pero es parte del trabajo. La manera en que manejes y reacciones a la situación es lo que pone de manifiesto tus cualidades como líder.

Podemos decir que el servicio más importante que la honestidad y la integridad pueden brindar a una empresa es el de prevenir problemas y errores que posiblemente deriven en otros más serios. Nadie quiere ser el "alcahuete" que les señala errores a los demás. Pero "mirar hacia otro lado" es omitir; es decir, es una forma de mentir.

Un líder debe transmitir honestidad, por encima de los demás valores; esto se logra siendo un ejemplo de transparencia. Admitir un error puede causar una mala impresión, pero mucho peor es provocar una crisis al tratar de ocultarlo.

### Guiar el progreso hacia las metas

A comienzos de 2018, la empresa de videojuegos GameStop anunció una estrategia de diversificación nueva y audaz con el fin de compensar la pérdida de ganancias provocada por cambios en la industria. Hasta ese momento, la mayor fuente de ingresos de GameStop había provenido del segmento de "usados"; y lo que hacían era incentivar a sus propios clientes para que les vendieran videojuegos y sistemas que ya no utilizaban.

Sin embargo, eran cada vez más los jugadores que optaban por comprar copias digitales o jugar colaborativamente en línea. Para contrarrestar esta situación, GameStop se diversificó: añadió mil trescientas marcas de tecnología e incluyó *marketing* para su línea de productos coleccionables.

Pero cuando el director ejecutivo de la compañía se enfermó y asumió otra persona, el nuevo objetivo pasó a ser solucionar los problemas operativos, reducir la diversificación y cerrar cientos de tiendas en un intento por detener el sangrado financiero.

Podría decirse que el recorte se produjo por un cambio en la tecnología que afectaba a toda la industria. Sin embargo, tengamos en cuenta que, en 2019, prácticamente todas las grandes empresas tecnológicas se esforzaban por desarrollar plataformas de *streaming* para videojuegos y que esas empresas estaban en el centro de una carrera a todo o nada por ser los primeros en ofrecer la posibilidad de jugar por *streaming* en cualquier dispositivo, independientemente del poder de procesamiento. Queda claro, entonces, que no se trata de una industria en extinción, que es muy dinámica y que cuenta con múltiples oportunidades de expansión e innovación.

¿Cómo afectó esa experiencia la percepción acerca de la capacidad de GameStop para lograr metas? ¿Cómo afectó su imagen de liderazgo el hecho de que una empresa, que alguna vez fue líder en la industria, cerrara tiendas y quedara rezagada en relación con sus competidores? La cadena de videoclubes Blockbuster enfrentó una situación similar cuando sus clientes migraron hacia los videos por *streaming*. A ellos les fue mal, pero a Netflix les fue fantástico. A Kodak le ocurrió algo parecido cuando los clientes dejaron de usar película fotográfica y se volcaron a la fotografía digital. Había miles de precedentes, sin duda, pero GameStop no logró adaptarse.

Ya se trate de una compañía internacional como GameStop o de un gerente que incumple sistemáticamente con la fecha de lanzamiento de productos, progresar y alcanzar metas —incluso en un ambiente turbulento y dinámico— es un elemento constitutivo de la responsabilidad. Lo mismo ocurre con un equipo que pierde un campeonato. ¿Quién resulta despedido? ¿El jugador estrella? No. El director técnico. Como líderes, somos responsables por el rendimiento.

¿Cómo podemos, como líderes, guiar el progreso hacia las metas, tanto en lo individual como en lo grupal? Recordando el acrónimo M.E.T.A.S.

**M: MARCAR UNA META.** Piensa qué es lo que quieres conseguir y anótalo. Haz una lista de todo lo que te gustaría hacer y ser, otra de todos los lugares que te gustaría visitar y otra de los objetivos que quieres lograr. ¿Quieres que tu grupo alcance una meta de ventas en particular? ¿Cuáles son los parámetros de éxito que pretendes de tus empleados? Sé lo más específico posible sobre lo que deseas alcanzar y exprésalo por escrito.

**E: ESTABLECER UN ORDEN.** Después de identificar los resultados que esperas de tu equipo, organiza un plan con cada uno de los pasos que te permitirán obtener lo que deseas. Si, por ejemplo, tu objetivo es aumentar las ventas, divide el plan en pasos. Haz una lista con todas las personas a tu cargo y su posible contribución para lograr la meta. ¿Quién necesita hacer qué? Sé lo más minucioso que puedas y divide el plan en los pasos que sean necesarios.

Luego, organiza el plan estableciendo prioridades. ¿Qué debe hacerse primero? Arma una lista con el orden que mejor se ajuste a tu objetivo. Si alguno de los pasos parece imposible de lograr, segméntalo para que resulte más sencillo de llevar a cabo.

**T: TOMAR MEDIDAS.** Todos los días, toma una medida para avanzar hacia tu meta. Escribe las tres o cuatro cosas más importantes que deberías hacer cada día, semana y mes, y planifica cuándo hacerlas. Reúnete regularmente con las personas a tu cargo, ya sea en forma individual o en grupo, para analizar los progresos. Asegúrate de que todos entiendan lo que deben hacer para que el equipo avance hacia la meta.

**A: A**RMAR LISTAS. Arma listas a medida que avances. Arma listas de lo que quieres. Arma listas de cómo conseguirlo. Arma listas de los pasos para llevar a cabo las medidas necesarias. Arma listas de los obstáculos que pudieran surgir en el camino. Arma listas con formas de sortearlos. Cuando expresamos algo por escrito, ¡nuestro subconsciente se compromete a hacerlo! Respeta las listas. Proponte revisarlas al menos una vez al día para definir lo que debe hacerse primero e ir cumpliendo cada uno de sus ítems.

**S: S**ABOREAR EL ÉXITO. ¡Disfruta de tu éxito! Cada vez que logres una meta, total o parcialmente, tu confianza aumentará y te sentirás más motivado para continuar y lograr otra. La sensación de progreso es esencial para nuestra felicidad; con cada logro, corroboramos nuestra capacidad de triunfar.

Ya hablamos sobre cómo guiar el progreso hacia las metas. Ahora, pasemos a la última cualidad asociada con la responsabilidad: la toma de decisiones eficaces.

### Tomar decisiones eficaces

¿Cómo saber si una decisión que tomamos es eficaz o no? ¿Es por la consecuencia de esa decisión o por el sistema que implementamos para tomarla? El área de Capacitaciones de Dale Carnegie sugiere un enfoque de cuatro preguntas para tomar decisiones y resolver problemas. Primero, pregúntate "*¿Cuál es el problema?*". Aunque suene obvio, la respuesta no es tan simple como parece. Definir un problema da forma a la solución. Debemos asegurarnos de que estamos resolviendo el problema correcto.

Por ejemplo, "No tengo la cantidad de clientes que necesito" parece la enunciación correcta de un problema. La solución podría ser "Consigue más clientes".

Pero ¿se trata de un problema? No necesariamente. Mejor sería preguntarse "¿Cómo puedo atraer clientes nuevos?". Investigar por qué no atraes clientes nuevos te llevará a una respuesta y a un conjunto de soluciones diferentes.

Harley Davidson fabrica motocicletas del más alto nivel. Son famosas por ser grandes y pesadas.

Sin embargo, hoy en día, los usuarios prefieren modelos más livianos y estilizados. Eligen trasladarse en motocicleta por su practicidad; no les importa el estatus que pueda darles el hecho de ser dueños de una Harley.

En Harley Davidson se preguntaron "¿Cómo podemos atraer a un segmento nuevo de clientes?". ¿Qué decisiones desencadenó esa pregunta? Harley Davidson lanzó una motocicleta completamente eléctrica y ofreció lecciones para conductores en todo el país. Si se hubieran preguntado cómo atraer más clientes sin intentar comprender por qué las personas ya no compraban sus motocicletas, quizás hubieran invertido en campañas publicitarias orientadas al antiguo segmento de clientes o a esos productos tradicionales que las nuevas generaciones no estaban interesadas en comprar. Sin embargo, identificaron el problema y así pudieron tomar decisiones más eficaces.

La segunda pregunta es "*¿Cuáles son las causas del problema?*". Algunas veces, la respuesta es clara. En el caso de Harley Davidson, por ejemplo, la causa era que los conductores jóvenes buscaban otras cualidades en una motocicleta. La industria estaba cambiando, y sus clientes tradicionales envejecían.

Pero ¿qué ocurre cuando no definimos con exactitud la causa del problema? Un ejemplo excelente es el de GoPro.

GoPro definió la industria de las cámaras de acción. Es más, después de una década de un crecimiento increíble, su oferta pública fue una de las mejores de 2014, y su crecimiento continuó siendo descomunal en los años posteriores. Hasta que la situación cambió. Sus acciones, que se habían cotizado a 98 dólares, ahora valían 8.

¿Cuál era la causa del problema? ¿Que las cámaras en los teléfonos habían evolucionado y podían grabar videos? ¿Que habían sobreinvertido en personal, ingenieros y productos nuevos? ¿Que el foco de la compañía ya no estaba puesto en las cámaras sino en los medios, con la creación de su propia plataforma?

A decir verdad, era un poco de todo. Pero, en el centro de estas cruciales decisiones corporativas, había una líder empresarial que no aplicaba un proceso sistemático para la toma de decisiones. Su postura era la de "salta, que en algún lado habrá una red", la que funciona fantástico con empresas pequeñas y con empresas en sus primeras etapas, pero que no sirve para las grandes y de capital abierto. En vez de investigar las necesidades de sus clientes, optaron por innovar en áreas en las que no estaban interesados o en crear lo que ya otros habían creado. Todo se resume a lo que venimos diciendo: las condiciones de los líderes tienen efectos expansivos determinantes. Al establecer la cultura de "tirarse de cabeza a la piscina", el mensaje de los líderes de GoPro fue que entender las causas del problema era menos importante que actuar.

Tercero, te sugerimos que te preguntes *"¿Cuáles son las soluciones posibles?"*. En general, al comienzo de un proceso de toma de decisiones, las soluciones son solamente dos, o tres. Invertir o no invertir. Escoger a un proveedor o a otro. Las típicas soluciones que ya todos conocemos. Este paso es el segundo más crítico en el proceso de toma de decisiones eficaces (el primero es cómo definimos el problema).

Las personas que carecen de experiencia o de habilidad para tomar decisiones se limitan a elegir entre las opciones que se les plantean. En cambio, las que toman decisiones eficaces no se quedan con las primeras posibilidades que se les vienen a la mente y profundizan. Hacen preguntas. Ponen en duda las presunciones.

Damos un ejemplo de cómo cuestionar una presunción puede derivar en una decisión mejor. Becky enfrentaba la tarea difícil de tener que despedir a una de las personas a su cargo. Su jefe, Rick, le había dicho: "Las peleas constantes entre Amy y Pete ponen incómodos al resto de sus compañeros. Tienes que despedir a uno de ellos".

Becky lo intentó todo antes de llegar a ese punto. Los envió a hablar con un consejero. Contrató a un asesor para que detectara la raíz del problema. Amy le dijo al asesor que debían despedir a Pete, y Pete le dijo que debían despedir a Amy. El consejo del asesor fue que los despidiera a los dos.

Becky no quería tomar esa decisión, pero nada daba resultado. Amy y Pete continuaban discutiendo y saboteándose. Becky no veía más que dos soluciones: despedir a Amy o despedir a Pete.

Antes de hacerlo, sin embargo, prefirió cuestionar esa presunción. ¿De veras debía despedir a uno de ellos? Quizás había otra opción que no había considerado. Por ejemplo, ¿alguno de ellos aceptaría que lo trasladaran a otro lugar?

Becky conversó con ellos por separado. Cuando les preguntó si estarían dispuestos a ser reubicados, Pete respondió que no lo creía posible porque su esposa y sus hijos estaban muy arraigados a la comunidad. Pero Amy sí demostró interés. Le encantaba su trabajo, pero su madre estaba enferma y ella se debatía entre su deseo de seguir siendo parte de la compañía y el de mudarse más cerca de sus padres.

Si Becky se hubiese limitado a las dos primeras opciones de la lista, despedir a Amy o despedir a Pete, habría desaprovechado la oportunidad de conservar a dos empleados valiosos.

En una situación muy similar, Karen Strickholm les prestó su tarjeta de crédito a dos de sus empleados y les pidió que fueran a un restaurante coqueto y no regresaran hasta que hubieran solucionado sus diferencias; de lo contrario, deberían buscar un empleo nuevo. De más está decir que resolvieron el problema y beneficiaron a todo el equipo. El almuerzo no había sido muy económico, pero, para Karen, había sido un dinero bien gastado.

Bob Galvin, el director ejecutivo que lideró el crecimiento impresionante de Motorola entre 1959 y 1986, decía que "Si debes tomar una decisión difícil, es porque, con todo respeto, no apelaste al pensamiento creativo. ¿Cómo puedes tomar la mejor decisión si no cuentas con la mejor opción? Es necesario someterse al proceso de ser muy creativos y hallar una opción extraordinaria. Así la selección resulta más fácil".

La última pregunta que propone el área de Capacitaciones de Dale Carnegie es "*¿Cuál es la mejor solución?*". Observa que la pregunta no habla de la solución "perfecta", sino de "dada la información con la que contamos hasta el momento, ¿cuál de las soluciones que evaluamos daría mejor resultado". A veces, evitamos tomar una decisión porque no contamos con toda la información que necesitamos. Eso puede ser muy prudente, pero la verdad es que nunca contaremos con toda la información que necesitamos. Cuando no podemos esperar, debemos decidir teniendo en cuenta lo que sabemos.

En el caso de Pete y Amy, Becky llegó a la conclusión de que la mejor solución era reubicar a Amy para que estuviera más cerca de su madre. Tal vez la solución "perfecta" hubiera sido que ella y Pete decidieran llevarse mejor así nadie debía trasladarse. Pero, en este caso, esa no era una opción. La información con la que contamos al momento es la que determina cuál es la mejor solución. Por eso es importante formular la pregunta correcta al definir el problema y poner en duda nuestras presunciones acerca de qué fue lo que lo originó. Esa información es la que brinda las opciones.

Comenzamos este capítulo sobre la responsabilidad diciendo que se trataba de una cuestión personal. Sin embargo, analizamos varios ejemplos de cómo el accionar individual de los líderes influye en toda una organización.

En el próximo capítulo hablaremos sobre otra cualidad para ser un modelo de conducta: interesarse en los demás.

## CONCLUSIONES CLAVE

- Ser responsables de lo que decimos y hacemos son componentes esenciales de un modelo de conducta positivo.
- Las cualidades de alguien responsable son:

  1. Ser competente
  2. Demostrar honestidad e integridad
  3. Guiar el progreso hacia las metas
  4. Tomar decisiones eficaces

- Como hacemos algo es como hacemos todo.
- Ser responsable es un modo de vida.
- Ser un líder competente no equivale a ser el mejor en lo que haces. Para ser un líder competente se necesitan otros atributos. "Deja de hacer; comienza a liderar".
- La integridad y el coraje moral implican vivir de acuerdo con una serie de valores explícitos y también defenderlos cuando creemos que esos valores no se respetan.
- Para guiar el progreso hacia las metas, pon en práctica el acrónimo con la palabra M.E.T.A.S.: Marcar una meta, Establecer un orden, Tomar medidas, Armar listas, Saborear el éxito.
- El enfoque de cuatro preguntas para tomar decisiones eficaces es: "¿Cuál es el problema?", "¿Cuáles son las causas del problema?", "¿Cuáles son las soluciones posibles?" y "¿Cuál es la mejor solución?".

# 3

# Interés en los demás

—*Agradezco que hayan venido* —*dijo Warren, de pie al frente de la sala de conferencias*—. *Quería compartir con ustedes los resultados de la encuesta que respondieron acerca de mi trabajo y comentarles sobre qué aspectos decidí trabajar.* —*A pesar de su aspecto calmo, Warren estaba ansioso. Detestaba hablar en público y, en este caso, la situación era peor. Debía hablar en público acerca de sus puntos débiles. U "oportunidades de crecimiento", como Fran las había llamado. Pero, para Warren, eran los puntos débiles con los que había luchado toda la vida*—. *Bueno, eh… uno de esos aspectos es mi actitud para la escucha.*

*En el fondo de la sala, alguien murmuró:*

—*Era hora.* —*Warren no estaba seguro, pero sospechaba que había sido Carl.*

*Se aclaró la garganta y continuó:*

—*Y el establecimiento de metas. Tanto las propias como las de ustedes. Creo que todos deberíamos mejorar en este aspecto.* —*Warren observó los rostros en la sala y notó su falta de expresión. El único empático era el de Roxanne, la supervisora de capacitación. La miró a los ojos, esbozó una sonrisa y continuó*—: *Además, me propuse trabajar en cómo guiar el progreso hacia las metas.*

*El silencio era abrumador. Warren empezó a dudar de que Fran hubiese tenido razón. De veras sentía que a estas personas él no les caía bien. "¿Qué estoy haciendo mal?", se preguntó. "¿Por qué no les importa lo que digo?".*

Quizás este es el concepto más importante de *¡Lidera!* Para ser líderes eficaces, debemos interesarnos en los demás. Ese es uno de los pilares del pensamiento del modelo de liderazgo de Dale Carnegie, quien lo resumió en los principios 17, "Intenta, sinceramente, ver las cosas desde el punto de vista del otro" y 18, "Sé empático con los deseos y las ideas de los demás".

## Los líderes están para servir

Clark Merrill, instructor calificado de Carnegie, dice que "pensar en la otra persona es la actitud correcta. Si te ascienden a una posición de liderazgo, tu enfoque debe cambiar. Nadie está interesado en ti. No se trata de que les caigas simpático; lo que les importa es si tu liderazgo va a mejorar su situación individual, familiar o laboral. Si se pierde esto de vista, los liderazgos fracasan. Los líderes están para servir". Clark comparte una técnica útil para saber si los demás nos interesan o no. Cuando debas resolver un problema, pregúntate "¿En quién estoy pensando?". Pregúntate esto. ¿Estás pensando en ti o en la otra persona? Pensar en el otro es la actitud correcta. Entiende que, cuando tú hablas, el otro piensa "¿Y esto en qué me beneficia?".

## Cualidades de un líder interesado en los demás

¿Cuáles son nuestras cualidades cuando nos centramos en los demás?

- Ser inspirador
- Ayudar a desarrollar a los demás
- Influir positivamente
- Comunicar con eficacia
- Promover el trabajo en equipo, la colaboración y el compromiso de los empleados

- Facilitar el cambio
- Trabajar de forma cooperativa
- Brindar orientación

Analicemos cada punto más en detalle.

*Ser inspirador* es "insuflar vida" en otra persona. No es lo mismo que "motivar", que puede entenderse como la promesa de alguna recompensa. Cuando inspiramos a alguien, le transmitimos una energía que proviene, no de lo que podamos darle, sino de lo que somos como personas. Sheryl Sandberg inspiró a millones de mujeres con su propuesta, *Vayamos adelante*, título de su libro éxito de ventas, y con el enfoque que adoptó cuando fue directora de operaciones de Facebook.

Cuando *ayudamos a desarrollar a los demás,* nos preocupamos por el desarrollo integral del otro. Esto no se relaciona necesariamente con el desarrollo de capacidades que nos beneficien a nosotros de alguna manera u otra, pero con la convicción de que las personas poseen un deseo innato de crecer y progresar. Se trata de sus deseos y necesidades y de cómo podemos ayudarlos a lograr sus objetivos. Una de las tres lecciones clave de liderazgo de Indra Nooyi, exdirectora ejecutiva de Pepsico, es "ayudar a otros a elevarse". Este enfoque tiene el beneficio de permitir el crecimiento de las habilidades del equipo (lo que favorece la imagen del líder) y el desarrollo de los individuos para que tengan éxito en el futuro.

Cuando *influimos positivamente* en otros (que es lo opuesto a decirles lo que deben hacer basándonos en nuestra posición), los cambios suelen ser más duraderos y beneficiosos. Cuando un empleado contable se quejó ante su jefa, Lisa Hamilton, de que estaba tan harto de uno de sus clientes que quería que se lo asignaran a otro compañero, Lisa no le ordenó que volviera a trabajar. Lo inspiró diciéndole "Bueno, si es lo que quieres, eso haremos. Simplemente creí que estabas capacitado para lidiar con ese cliente. Voy a tener que encontrar a otro empleado con más talento para que se encargue de él". Lisa puso en práctica el principio 21 de Dale Carnegie, "Plantea un desafío", y Hayden, el empleado contable, recogió el guante y se esforzó para que la relación con el cliente mejorara.

Todos los líderes se comunican, pero, cuando el foco del líder está puesto en que lo escuchen y lo comprendan, y también en escuchar a los demás y en hacer que esa escucha asegure de que lo oigan, entonces se logra una *comunicación eficaz*.

## Diferentes tipos de oyentes[*]

Una tarde, el doctor Porter estaba explicando su clásica teoría de la motivación frente a sus estudiantes de primer año de Psicología del Trabajo cuando comenzó a sospechar que no lo estaban escuchando. Entonces, decidió hacerles algunas preguntas para entusiasmarlos.

Brad parecía querer estar en cualquier otro lugar, menos ahí. Jugueteaba con los pies, miraba su reloj y revisaba su teléfono cada uno o dos minutos.

—Señor Lawson, este modelo afirma que el valor de la recompensa es, en parte, lo que motiva la conducta de una persona. ¿Está de acuerdo?

—Eh... Sí, claro —respondió Brad, sin apartar la vista del teléfono.

Melanie estaba en su banco y miraba por la ventana. El doctor Porter se acercó y se interpuso entre sus ojos y la ventana.

—Señorita Griffin, el punto siguiente del modelo dice que el grado de esfuerzo influye en la motivación. ¿Qué opina de eso?

La voz del profesor despertó a Melanie de su ensoñación.

—¿Cómo dijo? Perdón, no lo escuché.

---

[*] Extracto de *¡Escucha! Cómo desarrollar el arte de la comunicación efectiva*, de Dale Carnegie & Associates, de próxima aparición en español.

—Lo que estaba diciendo era que —continuó el doctor Porter— la motivación depende de distintas variables: el esfuer...

—El esfuerzo invertido y la posibilidad de obtener una recompensa —interrumpió Breanna. Luego se apoyó sobre el respaldo de su asiento y sonrió.

El doctor Porter le preguntó a su compañera.

—Caitlyn, según tu opinión, ¿qué recompensa justificaría invertir esfuerzo?

Caitlyn Brenner se limitó a mirarlo, sin entender; tenía las pestañas cargadas de maquillaje.

—Ninguna.

Sentado junto a ella, Danny murmuró:

—Obvio. A ustedes, los emo, no les importa nada.

El doctor Porter se acercó al banco de Danny.

—Y para ti, Danny, ¿cuál sería una recompensa gratificante?

—Dormir. Eso es lo que esta clase me da ganas de hacer.

Entonces, Gene acotó:

—Lo que aparentemente pasa aquí es que, para Breanna, es gratificante demostrar sus conocimientos en clase porque cree que, si el profesor toma en cuenta lo que dice, ella podrá obtener buenas notas. Danny, por otro lado, siente que no tiene su misma capacidad y por eso se esconde detrás de una actitud de hostilidad.

En la última fila, estaba sentaba Anna, una estudiante callada. Levantó la mano tímidamente.

—Doctor Porter, usted creó este modelo con su colega, el doctor Lawler, es así, ¿no? ¿Cómo lograron ampliar la clásica teoría de las expectativas de Vroom?

El doctor Porter sonrió y regresó al frente de la clase. Al menos, ALGUIEN lo escuchaba.

—Sí, Anna. Ed y yo introdujimos aspectos adicionales en la teoría de las expectativas de Victor Vroom. Veamos este diagrama...

## Siete tipos de oyentes

¿Cuántas veces te cruzaste o hablaste con personas como los estudiantes en la clase del doctor Porter? ¿Cuántas veces TÚ actuaste así?

La historia anterior ilustra los siete tipos de oyentes identificados por el área de Capacitaciones de Dale Carnegie.

- Los "impacientes"
- Los "ausentes"
- Los "entrometidos"
- Los "qué me importa"
- Los "combativos"
- Los "analistas"
- Los "involucrados"

La escucha de los primeros seis es menos eficaz que la del séptimo. A continuación, vemos una descripción más profunda de cada uno.

*Los "impacientes"*
Brad es el clásico "disperso". Al juguetear con el pie y mirar el reloj, da la impresión de que no le presta toda su atención a la persona que habla. Son personas ansiosas, que están siempre mirando a su alrededor o haciendo otra cosa. Realizan múltiples tareas a la vez y no se pueden quedar quietos ni escuchar.

*Los "ausentes"*
En la historia anterior, Melanie era la "ausente". El doctor Porter hablaba, pero ella estaba distraída y no lo escuchaba. Son personas que están física, pero no mentalmente presentes. Los detectamos por su mirada perdida. Están en Babia o concentrados en algún otro pensamiento.

*Los "entrometidos"*
Breanna es una "entrometida". Acecha a la espera de su oportunidad para mostrarse y hablar. Estas personas están agazapadas, siempre listas para meter sus bocadillos y completar tu oración. No te escuchan. Su interés se concentra en adivinar lo que tú vas a decir y lo que ellas quieren acotar.

*Los "qué me importa"*
Caitlyn es la clásica "qué me importa". Aunque no haya pronunciado esa frase, su lenguaje corporal y su expresión le dieron al doctor Porter la impresión de que no le interesaba para nada lo que él estaba explicando. Estas personas se mantienen indiferentes y prácticamente no expresan sus emociones al escuchar a alguien. Parece que no les importa nada de lo que tengas para decir.

*Los "combativos"*
Queda bastante claro que Danny es un "combativo". Áspero y hostil, el combativo no escucha para atender. Escucha para reunir evidencia y usarla en tu contra. Son personas dispuestas a pelear. Disfrutan cuestionando y echándoles la culpa a los demás.

*Los "analistas"*
Gene es un analista. Es probable que no se dé cuenta de que su estilo de escucha no es eficaz. Estas personas están siempre en el papel de asesores o terapeutas, listas para brindar respuestas que nadie les pide. Creen que saben escuchar y les encanta ayudar. Están constantemente en modo de "voy a analizar lo que dices y te voy a corregir".

*Los "involucrados"*
Por último, Anna es un ejemplo de escucha "involucrada". Son personas que escuchan con atención y a conciencia. Escuchan con los ojos, los oídos y el corazón e intentan ubicarse en el lugar de la persona que habla. Escuchan al más alto nivel. Su capacidad para escuchar

te estimula a seguir hablando y te ofrece la oportunidad de hallar tus propias soluciones y de desarrollar tus ideas.

Nadie puede escuchar todo el tiempo como un "involucrado".

Como líderes, saber escuchar es esencial. Pero, durante una conversación, aunque queramos actuar siempre como un "involucrado", inevitablemente caeremos en las demás categorías. ¿Qué clase de líder eres más proclive a ser cuando no estás involucrado? Ser conscientes de lo que ocurre cuando dejamos de involucrarnos y percibir nuestros deslices hacia otros patrones de escucha, puede ayudarnos a controlar nuestra manera de escuchar. ¿Te acuerdas de la importancia de valorarse a uno mismo?

## ¿Puedes escucharme ahora?

¿Qué ocurre cuando hablamos con otras personas? Comunicarse con algunos de los tipos de oyentes que mencionamos antes puede resultar un desafío; sin embargo, hay cosas que puedes hacer para llegar a ellos. Te damos sugerencias para dirigirte a cada uno.

*Los "impacientes"*
Cuando te dirijas a un "impaciente", puedes preguntarle "¿Es buen momento para que hablemos?" o pedirle "Necesito toda tu atención un momento". Comienza diciendo algo que le llame la atención, sé breve y ve al grano rápido, porque su capacidad de atención es limitada.

*Los "ausentes"*
Con un "ausente", controla de cuando en cuando que haya entendido lo que dijiste. Al igual que con los "impacientes", comienza diciendo algo que atraiga su atención, sé conciso y ve al grano rápido, porque su capacidad de atención también es limitada.

*Los "entrometidos"*
En el caso de un "entrometido", en cuanto te interrumpa, cierra la boca y déjalo hablar; si no, jamás lograrás que te escuche. Una vez que finalice, agradece su comentario y agrega "Como iba diciendo...", para hacerle notar su interrupción.

*Los "qué me importa"*
Si hablas con un "qué me importa", demuestra tus ideas en forma concreta (principio 20 de Dale Carnegie) y hazle preguntas para mantener su atención. El principio 25 también se aplica a ellos: "Haz preguntas en vez de dar órdenes directas".

*Los "combativos"*
Cuando hables con un "combativo" y exprese su desacuerdo o culpe a alguien, mira hacia adelante y no hacia atrás. Háblale sobre un posible acuerdo o sobre lo que puede hacerse de otra manera en una próxima vez. El principio 10 dice "La única manera de obtener lo mejor de una discusión es evitarla", en especial cuando lo que intentas obtener es cooperación.

*Los "analistas"*
Si hablas con un "analista", puedes comenzar diciéndole "Necesito corroborar algo contigo, pero sin que me des consejos". Esto ayuda a que controlen su tendencia a aconsejar y que escuchen para entender lo que se les dice y no para corregir los errores de los demás.

*Los "involucrados"*
Cuando hables con un "involucrado", tómate el tiempo para agradecerle su atención, y su interés en ti y en el tema del que hablas. Los líderes destacan las conductas positivas que dan resultado; esta estrategia sirve para indicar qué es lo que deben continuar haciendo. Si solo señalas lo que no da resultado, las personas se pondrán a la de-

fensiva y perderán la motivación. Hacerles saber qué es lo que hacen bien refuerza esa conducta y los motiva.

## ¿Y si se trata de TI?

Tal vez te reconozcas en uno o más de los tipos de oyentes descriptos. ¡No te preocupes! Nadie se involucra todo el tiempo. Te damos algunas sugerencias por si adviertes que caíste en uno de los tipos menos eficaces.

*Los "impacientes"*
Si estás dentro de esta categoría, haz un esfuerzo por abandonar lo que estás haciendo cuando alguien te habla.

*Los "ausentes"*
Si eres un "ausente", actúa como si supieras escuchar. Está alerta, mantén el contacto visual, inclínate hacia la persona que habla y demuestra interés formulando preguntas. Eso hará que tu manera de pensar se modifique y te concentres más en quien te habla.

*Los "entrometidos"*
Si eres un "entrometido", preocúpate por disculparte cada vez que te des cuenta de que estás interrumpiendo. Así serás más consciente de esa conducta.

*Los "qué me importa"*
Si eres un "qué me importa", concéntrate en la totalidad del mensaje y no solo en el aspecto verbal. Esfuérzate por escuchar con los ojos, los oídos y el corazón. Presta atención al lenguaje corporal y trata de entender por qué esa persona quiere hablarte de ese tema en particular.

*Los "combativos"*
Si eres un "combativo", fíjate como meta ponerte en el lugar de la persona que habla y comprender, aceptar y valorar el punto de vista del otro.

*Los "analistas"*
Si eres un "analista", relájate y entiende que no todas las personas buscan una respuesta, una solución o un consejo. A algunos les gusta compartir sus ideas solamente porque eso las ayuda a verlas con más claridad.

*Los "involucrados"*
Si eres un "involucrado", no cambies. Las personas realmente valoran esa actitud.

Como ya mencionamos, nadie pueda estar todo el tiempo involucrado. Es más, podemos estar atentos a lo que se dice, luego ser más selectivos en nuestro foco de atención y, más tarde, distraernos. Aquí te dejo una demostración visual de esto.

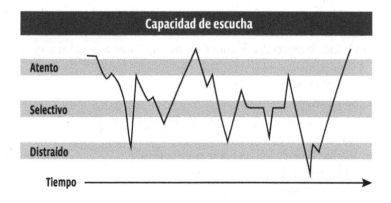

Cuánto tiempo estemos atentos, selectivos o distraídos depende de varios factores. Lo importante es tomar conciencia de nuestras distracciones y que, cuando notemos que nuestra atención se desvía, podamos volver a orientarla hacia la persona que nos habla poniendo en práctica las sugerencias que dimos antes.

Para ganarnos la confianza de las personas que están a nuestro cargo, debemos comenzar por ser simpáticos y agradables. Como ya vimos, si somos amables en nuestro trabajo, nada puede salir mal, y los beneficios serán enormes, porque el liderazgo se basa, fundamentalmente, en nuestra relación con los demás. Simples demostraciones de cortesía, como mirar a los ojos, escuchar, sonreír y prestar atención a los indicios no verbales, son muy útiles si lo que buscamos es demostrar amabilidad. Deja el teléfono a un lado y presta tu absoluta atención al que te habla. Esas son las cosas que hacen que tu interlocutor se sienta valorado o no.

## Aprende a escuchar mejor

El siguiente principio es aprender a escuchar mejor. Es fácil decir "¡Debes escuchar!", pero es muy distinto saber hacerlo. En su libro *Japan Sales Mastery* (en español, "La maestría japonesa para las ventas"), el doctor Greg Story, presidente de la filial de Dale Carnegie en Tokio, nos brinda varios consejos concretos para aprender a escuchar mejor:

1. Concéntrate
2. Sé paciente
3. Interpreta tanto las palabras como las emociones
4. No interrumpas
5. Resiste la tentación de hacer comentarios
6. Sé cauteloso al recurrir al humor
7. Abrevia el mensaje
8. Espera tu turno

Con tu teléfono, toma una foto de esta lista y, la próxima vez que estés en una reunión y adviertas que tu atención se disipa, revísala y piensa qué puedes hacer para involucrarte más.

La próxima sección sirve como herramienta para evaluar tu capacidad de escucha. Recuerda también lo que ya dijimos sobre los puntos ciegos. Pide a un colega o un amigo cercanos que analicen las respuestas y las discutan contigo para corroborar que tu percepción sobre tu propio accionar sea la correcta.

## Autoevaluación de la capacidad de escucha

Califícate a ti mismo en cada uno de los puntos (de la pregunta 1 a la 16), de acuerdo con la siguiente escala:

4 = Casi nunca  3 = Ocasionalmente  2 = Con frecuencia  1 = Siempre

___1. Me doy cuenta de que las personas deben repetirme la información.

___2. Tengo más problemas por errores en la comunicación que los demás.

___3. Tiendo a no prestar atención a lo que otros me dicen si lo hacen con lentitud o si lo que dicen no me interesa.

___4. Me doy cuenta de que termino las oraciones de los demás.

___5. Advierto en la voz de los clientes el enojo por no haber hecho un seguimiento de su caso o por no haber satisfecho sus expectativas.

___6. Desvío a los demás de lo que están diciendo con mis preguntas y comentarios.

___7. Tiendo a hacer otras tareas mientras alguien me habla.

___8. Me siento incómodo si tengo que pedirle al que habla que me aclare.

___9. Cuando alguien me consulta por un problema, tiendo a darle un consejo o a tratar de resolverlo.

___10. Finjo que presto atención.

___11. Formulo una respuesta en mi mente antes de que el otro termine la pregunta.

___12. Necesito tomar notas para recordar lo que se dice.

___13. Saco conclusiones basándome en el aspecto de la persona que habla.

___14. Me distraigo con facilidad cuando alguien me habla.

___15. Tiendo a ser el que más habla en una conversación.

___16. Hago preguntas que demuestran que yo no estaba escuchando.

Califícate a ti mismo en cada uno de los puntos (de la pregunta 17 a la 30), de acuerdo con la siguiente escala:

**4 = Casi nunca  3 = Ocasionalmente  2 = Con frecuencia  1 = Siempre**

___17. Exhibo una actitud abierta y de aceptación hacia la persona que habla.

___18. En el trabajo, estoy al tanto de la comunicación importante.

___19. Cuando alguien se acerca para preguntarme algo, dejo lo que estoy haciendo y le dedico toda mi atención.

___20. Me concentro en lo que se dice, aunque no me despierte demasiado interés.

___21. Escucho el punto de vista del otro, aunque no coincida con el mío.

___22. Miro siempre a los ojos a la persona con la que hablo.

___23. Intento comprender el punto de vista de aquellos que no están de acuerdo conmigo.

___24. Puedo resumir lo que otro dijo sintéticamente y con precisión.

___25. Doy al otro la posibilidad de explayarse antes de responderle.

___26. Observo a la persona que habla para detectar indicios no verbales.

___27. Soy abierto a las críticas.

___28. Aliento al que habla de forma verbal y no verbal.

___29. Verifico haber interpretado correctamente lo que la otra persona dijo.

___30. Intento ponerme en el lugar de la persona que habla.

## Puntaje de la capacidad de escucha

Califícate de la siguiente manera:

Preguntas 1–16
**Siempre:** 1 punto
**Con frecuencia:** 2 puntos
**Ocasionalmente:** 3 puntos
**Casi nunca:** 4 puntos

Preguntas 17–30
**Siempre:** 4 puntos
**Con frecuencia:** 3 puntos
**Ocasionalmente:** 2 puntos
**Casi nunca:** 1 punto

Resultados

105–120 Sabes escuchar. Pide una segunda opinión para corroborar que tu percepción sobre tu propia capacidad de escucha sea precisa.

95–104 Escuchar es una prioridad para ti.

85–94 Escuchas cuando te conviene.

75–84 No siempre escuchas.

Por debajo de 75, tu honestidad es brutal, y tu potencial para mejorar, enorme.

## El liderazgo no se centra en los líderes

Como dijimos al comienzo de este libro, el liderazgo no se centra en los líderes. Se centra en satisfacer las necesidades de los liderados. En otras palabras, se centra en ser una persona que *promueve el trabajo en equipo, la colaboración y el compromiso de los empleados*. Phil Jackson, el entrenador de la NBA y ganador de múltiples campeonatos, lo define mejor: "La fortaleza de un equipo son cada uno de sus integrantes.

La fortaleza de cada integrante es el equipo". Entender que guiamos un equipo conformado por individuos para que, tanto los individuos como el equipo, salgan adelante es crucial para alcanzar el éxito. Parafraseando una frase típica de muchas rupturas sentimentales, si eres líder, "no soy yo, eres tú".

Un líder interesado en los demás *fomenta el cambio*; no se limita a ordenarlo o a implementarlo. Cambiar no es sencillo, y un líder sabio no lo considera un hecho aislado, sino parte de un proceso. En un principio, Facebook era reticente a crear una plataforma para dispositivos móviles. Pero cuando entendieron que allí había una oportunidad, se lanzaron de lleno al diseño de una plataforma que funcionara de maravillas y nunca dejaron de trabajar para optimizarla. Jamás se plantearon "Lo de los teléfonos ya está. ¿Qué sigue ahora?". Facebook aceptó que se trata de un proceso constante; no es un objetivo que se logra y listo.

Cuando un líder *trabaja de forma cooperativa* con los demás, impulsa una cultura y un ambiente laboral que facilita el trabajo en equipo y desalienta el conflicto y el individualismo.

Por último, un líder interesado en los demás *brinda orientación*. No les indica a sus liderados a dónde ir ni cómo hacer su tarea; "orientar" implica ayudar cuando es necesario y dejar en claro hacia dónde se dirige el grupo.

Joe Cardiello, instructor calificado y director de Capacitaciones en el sudeste de Florida, cuenta una anécdota muy personal al respecto. "A decir verdad, me inscribí en Dale Carnegie porque mi madre me obligó. Yo trabajaba en la empresa familiar y, aunque era muy bueno en lo que hacía, carecía de capacidad para tratar con las personas. Por suerte, mi madre me hizo el comentario que necesitaba escuchar y asistí a la capacitación. Cuando aprendí a relacionarme con las personas, todo empezó a funcionar, y terminé dirigiendo y expandiendo el negocio familiar. Luego, decidimos venderlo y me uní al área de Capacitaciones de Dale Carnegie. Ahora me dedico a enseñar a otros que la clave es relacionarse.

"El foco debe estar puesto en las personas. Muchas veces las capacitaciones de ingenieros o de científicos se centran en el trabajo, cuando lo importante es motivar a las personas para que den lo mejor de sí al hacerlo. ¿Cómo es la relación con las personas a tu cargo? ¿Qué ocurriría si actuaras como si esas personas fueran tus mejores amigos? Si buscamos una explicación de nuestro éxito como líderes, descubriremos que es nuestra relación con los demás.

"Cuando lo ascienden, el mejor vendedor se convierte en el peor gerente de ventas. ¿Por qué? Porque nadie le enseña a liderar y se confía plenamente en su capacidad para hacer el trabajo. Ese no es el rol de un líder".

Recuerda: ser líder es obtener resultados mediante las personas y con ellas.

Joe Cardiello continúa: "Para ver esos principios en acción, observa las comunicaciones digitales de los estudiantes en los primeros años de la universidad. Encienden sus dispositivos y están en línea o en las redes sociales. ¿Para qué? Para hablar de ellos. De lo que opinan. De lo que creen. De lo que piensan sobre lo que tú haces.

"En cambio, lo que deberían hacer es prestar atención a sus comportamientos y cuestionarlos. La mejor manera de relacionarse con las personas es hacerse preguntas sobre ellas, en vez de tratarlas como si fueran estereotipos".

Mark Marone, director de Investigación y Liderazgo Intelectual de Dale Carnegie, identificó doce preguntas para ayudarte a descubrir los sueños y las expectativas profesionales de tus empleados y también a comprenderlos y valorarlos como individuos:

1. De todas tus obligaciones semanales o mensuales, ¿cuáles te colman realmente de energía?
2. ¿En alguna de tus tareas te ensimismas tanto que pierdes la noción del tiempo?

3. Si pudieras ocupar toda la semana con tareas que disfrutes hacer, ¿cómo sería esa semana?
4. ¿Qué tareas agregas a tu lista de "pendientes" cuando procrastinas?
5. ¿Haces alguna tarea que desearías que se la hubieran asignado a otro?
6. ¿En qué aspectos de tu trabajo eres verdaderamente bueno?
7. ¿Qué aspectos sientes que te cuestan más?
8. Piensa en las tareas que realizas en la semana o en el mes. ¿Cuáles son las cinco principales?
9. ¿Qué es lo que más —y menos— te gusta de las tareas que realizas ahora?
10. Si pudieras elegir cualquiera de los trabajos en la compañía, ¿cuál elegirías?
11. Si pudieras elegir cualquier trabajo en el mundo, ¿cuál elegirías?
12. ¿Hay algo que impide que alcances tus objetivos?

## Brindar orientación

Una de las tareas más complejas de un líder emergente es aprender a dar directivas a los demás. Esto es porque solemos asociar "orientación" con "microgestión". Lo cierto es que, cuanto más clara sea nuestra orientación, más libertad tendrán las personas a nuestro cargo para realizar su tarea. Esta orientación se transmite en los encuentros casuales y las reuniones programadas que tengamos día a día. En el ejemplo de Warren Cantel, es evidente que se interesa por los demás por su manera de brindar orientación clara durante las reuniones grupales e individuales. También lo puede hacer resaltando y agradeciendo los comportamientos que desea estimular. "Eric, te felicito por haber completado las planillas para el control de horas antes de tiempo. Te lo agradezco, en serio".

El concepto de estar interesado en los demás se relaciona directamente con varios de los principios de relaciones humanas de Dale Carnegie.

4. Interésate genuinamente en los demás.
7. Aprende a escuchar y alienta a los demás a hablar sobre ellos mismos.
8. Ten en cuenta los intereses de la otra persona cuando hables con ella.
11. Muestra respeto por las opiniones de los demás. Nunca les digas que están equivocados.
12. Si estás equivocado, admítelo enseguida, abierta y enfáticamente.
13. Comienza siempre con simpatía.
15. Permite que el otro sea el que más hable.
16. Permite que la otra persona crea que la idea es suya.
17. Intenta, sinceramente, ver las cosas desde el punto de vista del otro.
18. Sé empático con los deseos y las ideas de los demás.
22. Comienza con una felicitación y una alabanza genuinas.
25. Haz preguntas en vez de dar órdenes directas.
26. Evita que la otra persona pase vergüenza.
28. Otorga a la otra persona una buena reputación para que pueda estar a la altura de la situación.

En este capítulo, hablamos de la cualidad de interesarse en los demás. En el próximo, abordaremos la última cualidad necesaria para ser un modelo de conducta. Ser estratégico.

---

### CONCLUSIONES CLAVE

---

- "Estar interesado en el otro" es uno de los pilares del modelo de liderazgo de Dale Carnegie.
- Las cualidades de un líder interesado en los demás son:

1. Ser inspirador
2. Ayudar a desarrollar a los demás
3. Influir positivamente
4. Comunicar con eficacia
5. Promover el trabajo en equipo, la colaboración y el compromiso de los empleados
6. Facilitar el cambio
7. Trabajar de forma cooperativa
8. Brindar orientación

- El liderazgo no se centra en los líderes. Se centra en cómo el líder satisface las necesidades de los liderados.
- Formular preguntas y escuchar las respuestas es el modo de convertirse en alguien interesado en los demás.
- Los siete tipos de oyentes son: los "impacientes", los "ausentes", los "entrometidos", los "qué me importa", los "combativos", los "analistas" y los "involucrados".
- Lo ideal es ser un "involucrado".
- Nadie puede estar todo el tiempo involucrado. Es importante tomar conciencia de nuestras distracciones para volver a enfocarnos en la otra persona.

# 4

## Estrategia

—¿Qué es lo que pretendes, Warren? —Fran agregó un poco de crema al café que se había acabado de servir—. Si hablamos de tu relación laboral con Carl y con el resto del equipo, ¿cuál es el resultado final que esperas conseguir?

Warren bebió un sorbo de su pocillo y se quedó pensando. La semana pasada, Fran y él habían hablado sobre cómo mostrar interés en los demás. Tal vez esta fuera la oportunidad de poner en práctica lo aprendido.

—Creo que busco ser el líder que ellos quieren que sea. Alguien que los motive a ir tras un futuro mejor y que resuelva los problemas a medida que vayan surgiendo. —La sonrisa enorme de Fran le dio ánimo—. Quiero ser el GPS que nos conduzca a destino.

—¡Eso es! —Fran se recostó sobre el respaldo de su asiento, todavía sonriente—. Felicitaciones, Warren. Estás diciendo que quieres ser un líder estratégico.

Aunque no lo había pensado así, Warren asintió. En la escuela, le habían enseñado que la estrategia era el arte de llegar desde A hasta B. Quería ser la clase de líder que los llevara hasta allí.

—Bien, ¿y cómo lo hago?

## Ver del otro lado de la tablilla

En las artes marciales, específicamente en el karate, se llama *tameshiwari* al acto de romper objetos con las manos, los pies o, incluso, la cabeza. Esta demostración dramática de fuerza y concentración es lo primero que viene a la mente cuando hablamos de karate.

En Dale Carnegie, no recomendamos romper tablillas de madera; sin embargo, algunos de los principios de la práctica de *tameshiwari* pueden aplicarse al liderazgo. Por ejemplo, antes de partir una tablilla en dos, es necesario completar varios procesos mentales.

Primero, debemos *comprometernos de lleno* con la acción. Si aminoramos la intensidad del golpe a medio camino, lo más probable es que nos lastimemos la mano y no logremos romper la tablilla.

Segundo, debemos *confiar plenamente en nuestra capacidad* para lograr el cometido. No importa si podemos hacerlo o no. El *tameshiwari* implica tener las agallas para comprometerse desde lo mental, para no permitir que la duda asome en nuestra mente ni siquiera por medio segundo. Si dudamos, nuestra salud podría correr un grave riesgo, porque algo (la mano o la tablilla) terminará rompiéndose.

Por último, es necesario ver del otro lado. No te concentres en la tablilla; concentra tu mente y tu mirada en lo que hay del otro lado. Cuando te decidas a dar el golpe, ahí es donde tus puños van a terminar.

---

**Pon tu atención en el lugar hacia donde quieres ir, y no en el lugar hacia donde no quieres ir.**

---

Como líderes, debemos fijar los ojos en el objetivo final y guiar a los demás hacia allí.

Pensemos en otra analogía: si alguien está corriendo una carrera automovilística, el vehículo se dirigirá hacia donde se fijen los ojos.

Si se fijan en ese muro de contención que el conductor quiere evitar, el vehículo irá en esa dirección. Hay que ser más estratégicos y poner nuestra atención en el lugar hacia donde queremos ir, y no en el lugar hacia donde no queremos ir. El gran jugador de *hockey*, Wayne Gretzky, tenía una frase famosa: "Voy hacia donde el disco va, no hacia donde ya fue". Enfocarse en algo cuenta.

Este capítulo no trata tanto sobre la dirección estratégica de las empresas, sino sobre la cualidad personal de ser estratégico como líder emergente.

### ¿Cuáles son las cualidades para ser estratégico?

- Ser innovador
- Solucionar problemas
- Estar enfocado en lo que viene
- Hace un uso correcto de la autoridad

Analicemos cada uno de estos puntos más en detalle.

Para llegar desde donde está hasta donde quiere estar, un líder debe *ser innovador*. El crecimiento rara vez es lineal, y el pensamiento innovador es un requisito esencial para progresar. Solemos creer que innovar equivale a tener ideas nuevas o generar productos novedosos. Pero pregúntale a cualquier empresario que le haya ido bien cuánto de su éxito se debe a las ideas y obtendrás una paráfrasis de la famosa frase de Edison: "La innovación es 1% de inspiración y 99% de transpiración". Tener ideas es relevante, pero fácil. El esfuerzo reside en implementarlas hasta que den resultado.

Todos los líderes tienen problemas. Un líder eficaz sabe cómo *resolver esos problemas* y se hace responsable por los resultados. Es importante compartir el crédito por lo que sale bien y aceptar la responsabilidad cuando se cometen errores. Esto aplica a todos los niveles dentro de una organización: no podemos quedarnos de brazos cruzados y esperar a que el jefe resuelva los problemas. Una empleada de limpieza en un hospital de Nevada despertó la intriga de sus jefes cuando compró treinta mopas. Como supusieron que se trataba de una estafa, hablaron con su superior, Harley. Él les explicó que a la empleada le preocupaba trasladar los gérmenes de una habitación a otra cuando limpiaba los pisos; por eso, usaba una mopa distinta para cada una. Esta empleada es un ejemplo de lo que significa asumir la responsabilidad personal y anticiparse a los problemas.

*Estar enfocado en lo que viene* es no quedarse en el pasado. Es romper con el *statu quo* y dejar atrás el concepto de "siempre se hizo así". Jonathan Vehar, un especialista en innovación de Dale Carnegie, cuenta que él y su socio comercial invirtieron dinero para el desarrollo de una de las primeras aplicaciones para dispositivos móviles destinadas a resolver problemas. Lamentablemente, el dispositivo era un Palm Pilot y, como las tiendas de aplicaciones todavía no habían sido inventadas, la idea quedó en la nada y resultó un fracaso. La lección podría haber sido "¡No hay que crear más aplicaciones!". Eso hubiera sido un error. Estar enfocado en el futuro impide que nos estanquemos en el pasado.

Por último, un modelo de conducta *hace un uso correcto de la autoridad*. La línea entre ser demasiado estricto o demasiado permisivo es delgada, pero un modelo de conducta sólido se esfuerza por hallar el equilibrio. Alan Mulally, un antiguo director ejecutivo de Ford, dice que hay que ser "severo con los números, pero amable con las personas". Es decir, los resultados importan, y las personas también; por eso, debemos tratarlas con respeto. Hacer alarde de poder, ejercer dominación a través del cargo o tratar a los otros como si fueran inferiores no son características de liderazgo. Un líder eficaz sabe cuándo desafiar a alguien para que esa persona progrese o ascienda. Indra Nooyi, de Pepsico, dice que hay que "ayudar a los otros a elevarse". Y eso no ocurre si hacemos un mal uso de nuestra autoridad.

## ¿Qué es un líder estratégico?

En palabras sencillas, la estrategia es el arte de llegar desde A hasta B. Si tu empresa quiere desarrollar un producto nuevo, la estrategia es la habilidad de pasar de la etapa de la idea a la del producto totalmente terminado.

El líder que personifica una mentalidad estratégica es el que tiene la capacidad de hallar el equilibrio entre una visión clara de futuro (está enfocado en lo que viene) y la capacidad de llevar a cabo tareas que le permitan llegar a destino y superar las dificultades que surjan en el camino.

Los líderes estratégicos influyen en las personas a su cargo de dos maneras: directa e indirectamente. La influencia directa proviene de lo que decimos y hacemos. La influencia indirecta se produce por las implicancias de lo que hacemos, como es el caso de las recompensas.

Un líder trabaja para ejercer su influencia en otros, y esa influencia trae aparejada poder. Con el poder, tenemos dos opciones: podemos dominar o empoderar a las personas a nuestro cargo. Eso depende de cuál sea nuestra intención y se relaciona con la cualidad de "hacer un uso correcto de la autoridad".

Todos conocemos ejemplos de líderes dominantes, de cualquier escalafón, que solo piensan en su poder, en sus resultados y en su puesto. Esta actitud puede funcionar en el corto plazo y en el caso de los lobos solitarios. Sin embargo, en una manada de lobos, cuando ponen una estrategia en práctica, todos ocupan una función. Un líder eficaz se enfoca en el grupo cuando debe desarrollar e implementar una estrategia que los ayude a llegar al próximo nivel. Y hace que todos se enfoquen en cómo llegar al mejor plan posible, si los recursos y las condiciones se modifican.

# El proceso de nueve pasos para la innovación

Desde el área de Capacitaciones de Dale Carnegie, ofrecemos este proceso de nueve pasos para la innovación, diseñado por Greg Story, presidente de Dale Carnegie en Tokio:

## Paso 1. Visualizar
Este paso exige pensar claramente y con rigurosidad en ese futuro ideal al que queremos llegar.

Parece sencillo; sin embargo, muchas son las partes que interactúan en la maquinaria corporativa, y debemos visualizar cómo hacer para que esas partes trabajen juntas en pos del resultado ideal.

Las pretensiones en relación con el tiempo, los costos y la calidad están en tensión constante. Debemos elegir muy bien lo que deseamos, porque si nos equivocamos de objetivo, ¡chocaremos contra él!

## Paso 2. Definir el estado de la cuestión
En este paso, definimos el estado actual de la situación y recabamos información para establecer un punto de partida. Este paso es crítico para la evaluación cuantitativa y para estimular el proceso de aporte de ideas.

Resulta muy complejo ir de una visión a una idea de calidad en un solo tramo. Debemos recoger datos y usarlos como base para la generación de ideas.

## Paso 3. Detectar el problema o la oportunidad
Sabemos dónde estamos y hacia dónde queremos ir. Entonces, ¿por qué no estamos ahí? ¿Qué nos impide llegar? En este paso, identificamos y jerarquizamos los problemas o las oportunidades que debemos enfrentar. Una manera excelente de hacernos preguntas pertinentes es comenzar con "¿De qué manera podemos…?".

Este paso de jerarquización es fundamental en el caso de las personas ocupadas. No se puede hacer todo, pero sí lo más importante. Solamente hace falta tener en claro qué es lo más importante.

*Paso 4. Definir la idea*
La meta, las razones que nos impiden llegar a ella y la información clave sobre los aspectos críticos de nuestra labor deberían servir como base para la propuesta de las ideas creativas que necesitamos.

En este punto, debemos dar luz verde al pensamiento. Es decir, lo que buscamos es cantidad de ideas, sin juzgar, aún, su calidad.

El objetivo es conseguir un canasto enorme de ideas para seleccionar las mejores. Aunque alguien de tu grupo haga la contribución más ridícula que hayas tenido que escuchar, aunque sea un insulto a tu inteligencia, no pierdas la calma.

Esa idea alocada puede dar pie a otra propuesta verdaderamente creativa y factible; por lo tanto, en esta etapa, no reprimas ninguna sugerencia. Alienta a los miembros del grupo para que expresen sus ideas por escrito antes de compartirlas con los demás y asegúrate de que nadie se las guarde para sí.

*Paso 5. Hallar una solución*
Ahora sí encendamos la luz roja. Nos ponemos en jueces, decidimos cuáles ideas son las mejores y prestamos atención a la calidad de cada idea.

Hay muchas maneras de atravesar este proceso, ya sea por consenso, votación, aplicación de criterios (ideas indiscutidas versus ideas debatibles) u orientación. El método que se elija dependerá de la situación, y también de la cultura corporativa.

*Paso 6. Lograr aceptación*
Las ideas son gratis, pero su ejecución, por lo general, depende de un costo. Aquí es cuando debemos involucrar a los que toman decisio-

nes. Quizás una idea requiera un programa piloto, y en otra, podemos lanzarnos de lleno. Más allá de eso, no te molestes por hacer nada hasta que tus superiores no te den el visto bueno. Piensa en quiénes podrían apoyarte y quiénes podrían oponerse e incorpora a estas personas a tu plan.

*Paso 7. Implementar las ideas*
En este paso, llevamos las ideas a la práctica, pasamos de lo que "es" a lo que "debería ser". Eso exige una planificación. No es necesario que sea muy compleja, pero sí que se exprese por escrito y que se asignen nombres y cronogramas estrictos a las distintas tareas. Piensa qué es lo que debe suceder, quiénes serán responsables de que se haga, cuándo debe estar hecho y a quiénes debemos tener al tanto de los avances.

*Paso 8. Hacer un seguimiento*
Monitorear que los demás hagan lo que dicen que están haciendo es siempre esclarecedor. Las buenas intenciones no bastan. Si las personas no se responsabilizan de sus funciones, el proyecto va a fracasar. Organiza reuniones de seguimiento cada 30, 60 y 90 días.

*Paso 9. Evaluar*
Si el punto de partida y el de llegada estuvieron claros, y si ejecutamos el proyecto como corresponde, entonces estamos en una buena posición para determinar y evaluar los resultados.

Leer esto puede resultar simplista, pero, a veces, la imprecisión y la falta de claridad en la etapa inicial vuelven a surgir al final. Pregúntate constantemente: ¿sigo así o debo modificar algo para que me vaya bien?

En esta primera parte de *¡Lidera!*, hablamos sobre hasta qué punto las cualidades personales de un líder influyen en su eficacia. Puede ser un lugar difícil de ocupar, pero bien vale la pena hacerlo.

En la segunda parte, analizaremos técnicas y herramientas específicas para obtener lo mejor de los demás.

---
### CONCLUSIONES CLAVE
---

- Las cualidades de un líder estratégico son:

    1. Ser innovador
    2. Solucionar problemas
    3. Estar enfocado en lo que viene
    4. Hace un uso correcto de la autoridad

- El líder que personifica una mentalidad estratégica es el que tiene la capacidad de hallar el equilibrio entre una visión clara de futuro (está enfocado en lo que viene) y la capacidad de llevar a cabo tareas que le permitan llegar a destino y superar las dificultades que surjan en el camino.
- Los líderes estratégicos influyen en las personas a su cargo de dos maneras: directa e indirectamente.
- Con el poder, tenemos dos opciones: podemos dominar o empoderar a las personas a nuestro cargo. Los buenos líderes empoderan a los demás para que logren sus metas.
- Los nueve pasos del proceso para la innovación son: visualizar, definir el estado de la cuestión, detectar el problema o la oportunidad, definir la idea, hallar una solución, lograr aceptación, implementar las ideas, hacer un seguimiento y evaluar.

# PARTE II

*Abre la puerta al liderazgo que hay en otros: obtén lo mejor de los demás*

Jack Welch, expresidente y director ejecutivo de General Electric, decía: "Antes de ser líder, lo que importa es crecer. Cuando eres líder, lo importante es hacer crecer a los demás".

Si bien es cierto que el Modelo para un liderazgo exitoso de Dale Carnegie se basa en vivir de acuerdo con los atributos que deseamos que otros personifiquen, eso no basta para lograr los resultados que pretendemos como líderes o como organización. Ser un modelo de conducta también es demostrar nuestra capacidad para hacer que otros se desarrollen como líderes. Analicemos de nuevo el diagrama:

## Modelo para un liderazgo exitoso de Dale Carnegie

| Modelo de conducta | Aplicación | Consecuencias | Logros: Tus *logros* de desempeño deseados |
|---|---|---|---|
| Valoración de sí mismo | | | |
| Responsabilidad | Principios de relaciones humanas | Confianza y crecimiento personal | |
| Interés en los demás | | Cambio positivo y crecimiento de la organización | |
| Estrategia | Herramientas y procesos adecuados | Compromiso y dinamismo | |
| | | Innovación y dirección en común | |

Una vez que actuemos intencionalmente de acuerdo con los atributos personales de valorarse a uno mismo, ser responsable, interesarse en los demás y ser estratégico, debemos prestar atención a aplicar los principios de relaciones humanas que Dale Carnegie definió en su libro *Cómo ganar amigos e influir sobre las personas*, así como también las herramientas y los procesos adecuados, tal como enseñamos en los programas de capacitación de Dale Carnegie en todo el mundo.

Doug Stewart, instructor de Dale Carnegie y líder de ventas en North Carolina, compartió el enfoque central que usa para entrenar a los participantes en los programas de Dale Carnegie para que sean más eficaces como líderes. "Les presento un problema de liderazgo y les pido que repasen los treinta principios de Dale y que elijan uno que estén dispuestos a poner en práctica en esa situación. Luego, les pregunto si tienen el valor para hacerlo. Si me responden que sí, analizamos los problemas que podrían surgir al aplicar ese principio". Doug afirma que ese enfoque da excelentes resultados y favorece el éxito del liderazgo.

Puede parecer sencillo, pero el poder de los treinta principios reside en que Dale Carnegie logró condensar en ellos siglos de las mejores ideas y saberes sobre el trabajo en equipo. Y, ochenta años después de haber anunciado sus principios, el libro continúa siendo un éxito de ventas porque su enfoque es fácil de comprender y de aplicar.

La Parte II de *¡Lidera!* corre el foco de las cualidades interiores de los líderes y lo posa en lo que es necesario para obtener lo mejor de las personas que están a su cargo.

5

# Aplicación de los Principios de las Relaciones Humanas

—*Entra, Warren.* —*Fran apartó lo que estaba haciendo y le hizo un gesto a Warren para que se sentara del otro lado del escritorio—. ¿Cómo estuvo la reunión?*

*Warren tomó asiento; parecía angustiado.*

—*Horrible. Siguen discutiendo y sosteniendo luchas internas. Es una pelea sin fin por el poder* —*suspiró*—. *Soy demasiado amable; no sirvo para ser un líder eficaz. Josh Branson no tiene este problema porque todos le tienen miedo a su temperamento.*

*Warren se refería a uno de los analistas en otro departamento, tristemente famoso por ser un líder tiránico. Se decía que Josh Branson se daba media vuelta y terminaba una conversación cuando él ya había dicho lo suyo, aunque la otra persona estuviera hablando. Interrumpía a los demás en las reuniones, respondía llamados telefónicos en el medio de las presentaciones y se burlaba de las personas. Muchas veces había terminado en el despacho de Fran por las quejas de los que estaban a su cargo, pero sus faltas nunca llegaron a considerarse "dignas de despido".*

*Fran negó con la cabeza.*

—*No es cierto que eres demasiado amable para ser líder, Warren. Hasta ahora estuvimos trabajando para que te convirtieras en un modelo de conducta y para que desarrollaras habilidades personales de liderazgo. Las evaluaciones demuestran que las personas a tu cargo te aprecian y te respetan. Es el momento de que demos un paso más y trabajemos sobre cómo lograr que otros se desarrollen.*

En *Cómo ganar amigos e influir sobre las personas*, Dale Carnegie estableció un conjunto de principios para las relaciones humanas que siguen siendo tan vigentes hoy como lo fueron cuando él escribió ese libro. Aprender a aplicar esos principios puede transformar por completo no solo el modo en el que, como líderes, interactuamos con los demás, sino todas nuestras relaciones.

Los principios son treinta. Los dividimos en tres categorías que conforman la Pirámide de Liderazgo.

En la base, el foco está puesto en ser alguien más amable, lo que genera confianza. El foco del siguiente conjunto de principios está en cómo convencer a los demás de tu manera de pensar para obtener cooperación. El tercer conjunto se enfoca en lo que puedes hacer para convertirte en líder, punto crucial para liderar el cambio.

El resto de este capítulo lo dedicaremos a analizar más en detalle cada una de las tres categorías.

## Generar confianza/Ser más amable
## Principios del 1 al 9

Paul era un gerente de categoría intermedia y lideraba un equipo interdepartamental de desarrollo de productos. Como los grupos encargados del desarrollo del producto eran dos, debía responder ante dos superiores distintos. Cuando llegó el momento de presentar un informe sobre el estado del proyecto, el modo en que cada uno de esos superiores reaccionó resalta la importancia de los principios del 1 al 9. En vez de enviarles un mismo mensaje o correo electrónico a los dos, lo que le parecía muy impersonal, Paul decidió darse una vuelta por sus oficinas.

Primero, fue a la oficina de Caleb. Golpeó a la puerta.

—Hola, Caleb. ¿Estás ocupado? Quería ponerte al tanto de los progresos en el proyecto Chiron.

Caleb no levantó la vista de lo que estaba haciendo, pero le hizo un gesto con la mano para que entrara.

—Sí, claro. Estaba trabajando en algo para el jefe de división, pero pasa.

Paul entró, tomó asiento en la silla junto al escritorio y esperó a que Caleb le prestara atención. Los ojos de Caleb iban del teclado y la impresora al monitor.

—¿Cómo va todo? —preguntó Caleb, escudriñando la pantalla—. ¿Lograste resolver ese problema de planificación con Nancy?

Paul se dio cuenta de que Caleb no le estaba prestando demasiada atención.

—Sí, ya lo resolvimos. Mira, si no es buen momento, regreso...

—No, no. Puedo hacer las dos cosas. ¿Cuándo piensas que puedes empezar con la fase del prototipo?

Esta no era la manera en la que Paul había querido presentar su informe: su superior lo escuchaba a medias y ni siquiera lo miraba. Pero no tenía otra opción, así que siguió hablando.

—La verdad es que estamos bastante adelantados. Phan estuvo viniendo todos los días para una segunda ronda de revisión del...

Caleb nunca dejó de tipear en su teclado; asentía y, de cuando en cuando, lanzaba un "Ajá" o repetía algunas palabras para demostrar que estaba escuchando. Cuando terminó de dar su informe y salió de la oficina, Paul se sintió defraudado. Estaba entusiasmado de dar la noticia de que estaban adelantados, pero ahora se sentía deprimido y subestimado.

"La próxima vez, le envío un correo electrónico; aunque lo más probable es que no lo lea", se dijo Paul mientras caminaba por el pasillo.

Cuando se detuvo frente a la puerta del otro superior, Paul respiró hondo y se dispuso a comenzar de nuevo. Golpeó a la puerta, se asomó y preguntó:

—¿Estás ocupado, Omar?

Sentado en su silla, Omar se dio vuelta y le sonrió:

—¡Paul! Hola. Pasa. Estoy trabajando en un informe para el jefe de división, pero no es tan urgente. ¿Cómo estás?

Paul entró y tomó asiento; lo aliviaba ver que Omar estuviera tan feliz de verlo.

—Bien, gracias.

—Tu hija iba a cantar un solo importante en un festival de la escuela, ¿no es cierto? ¿Cómo le fue?

Paul sonrió de oreja a oreja.

—Fantástico. Tenía miedo de olvidarse la letra, pero le salió perfecto. Yo estaba muy orgulloso, y ella no podía creer la forma en la que la aplaudieron. Gracias por preguntar. —En ese momento, sonó una notificación del teléfono de Omar, que anunciaba que había recibido un mensaje—. ¿Tienes que atender? Puedo esperar.

—No, no. Odio este teléfono. Está siempre sonando. No lo miro cuando tengo una persona de carne y hueso en mi oficina. ¿Qué novedades hay del proyecto Chiron? Se rumorea que están adelantados en el cronograma.

Entonces, Paul abrió su carpeta y le entregó el informe, satisfecho de comprobar que Omar estaba tan complacido como él del esfuerzo que había hecho el equipo. Paul notó que Omar estaba atento a lo que le decía; solamente lo interrumpió cuando necesitó que Paul le aclarara algún punto. En cuanto a la siguiente fase del proyecto, Omar le preguntó qué le entusiasmaba y cuáles podrían ser las dificultades.

Al finalizar la reunión, Omar se puso de pie, lo acompañó hasta la puerta y, dándole una palmadita en el hombro, le dijo:

—Gracias por el informe, Paul. Me alegra saber que todo va tan bien y no veo la hora de que me presenten el prototipo. Te agradezco haberme tenido al tanto y también tu preocupación por mantener al equipo motivado y adelantarse al cronograma. Dile al equipo que siga trabajando así.

De camino a su oficina, Paul reflexionó sobre lo diferentes que habían sido las experiencias. Uno de los líderes se mostró indiferente y poco entusiasmado. El otro fue amistoso y le transmitió su interés por el trabajo y por él, lo que resultó de veras motivador.

Piensa en la conversación entre Omar y Paul y señala cuáles de los siguientes principios Omar puso en práctica.

*Sé más amable*
1. No critiques, juzgues ni te quejes.
2. Brinda elogios genuinos y sinceros.
3. Genera anhelos en el otro.
4. Interésate genuinamente en los demás.
5. Sonríe.
6. Recuerda que, para cualquier persona y en cualquier idioma, su nombre es la palabra más dulce e importante.

7. Aprende a escuchar y alienta a los demás a hablar sobre ellos mismos.
8. Ten en cuenta los intereses de la otra persona cuando hables con ella.
9. Haz que la otra persona se sienta importante. Y que ese sentimiento sea genuino.

## Obtener cooperación/Convencer a los demás de tu manera de pensar
### Principios del 10 al 21

La profesora de la Universidad de Harvard, Laura Huang, cuenta la anécdota de cuando Elon Musk las echó a ella y a una colega de su oficina. Laura y otra investigadora habían ido a escuchar un discurso del magnate en la ceremonia de graduación y se las habían ingeniado para conseguir su información de contacto y pactar una reunión con él. Como parte de su investigación, querían preguntarle sobre los desafíos de ser una empresa pionera en la industria espacial.

> Al momento de la reunión, Musk no tenía idea quiénes eran estas profesoras ni por qué estaban en su oficina. A los treinta segundos de haberse presentado, les dijo:
> —No. Salgan de mi oficina.
> Totalmente sorprendida, Laura le preguntó:
> —¿No?
> —No —le respondió.
> Ahí fue cuando me di cuenta de que los ojos de Musk no estaban puestos en nosotras, sino en el presente que mi colega sostenía en sus manos. Musk no había entendido que éramos académicas. Pensaba que se trataba de dos empren-

dedoras que intentábamos obtener su dinero o su apoyo para nuestra empresa y que ese presente era un prototipo de nuestros productos.

La reunión estaba a punto de terminar en un desastre... hasta que se me ocurrió hacer algo que le cambió el humor por completo: me empecé a reír.

—Usted cree que le queremos vender algo, ¿no? No, no queremos su dinero —le dije.

Después de eso, muchos quizás hubieran optado por saludar con un gesto de cortesía y salir de la oficina. Pero la risa llamó la atención de Musk. No había sido una reacción premeditada, ni complaciente. Fue algo inesperado y lo descolocó por completo. Luego, él también se largó a reír.

"La verdad es que", contó Huang, "la reunión fue un éxito. Conversamos, debatimos y hasta nos abrazamos al despedirnos. Cuando nos íbamos, Musk nos dio la información de contacto de la persona que lideraba las operaciones para SpaceX para que nos ayudara con la investigación".

## *La fórmula de narración para el liderazgo*

El ejemplo anterior ilustra un aspecto importante del liderazgo. Si no logramos que nos escuche, no podremos influir en una persona como líderes. Lo que vamos a recibir es un "no". Si no tenemos la oportunidad de conectar con esa persona, no lograremos convencerla de nuestra manera de pensar.

¿Qué pasaría si hubiera una "fórmula secreta" que pudiéramos aplicar cuando hablamos con otras personas —ya se trate de grupos o individuos— para que nos ayude a conectar instantáneamente con ellas en lo personal? Esa fórmula existe. Es la fórmula de narración para el liderazgo de Dale Carnegie, una herramienta poderosa y eficaz para relacionarse con otros. Les mostramos un gráfico.

## La fórmula de narración para el liderazgo

Incidente + Reflexión + Relevancia = **Resultados y acciones deseables**

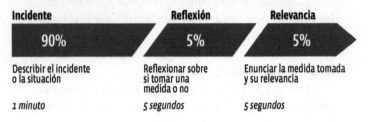

| Incidente | Reflexión | Relevancia |
|---|---|---|
| 90% | 5% | 5% |
| Describir el incidente o la situación | Reflexionar sobre si tomar una medida o no | Enunciar la medida tomada y su relevancia |
| 1 minuto | 5 segundos | 5 segundos |

*Claves para una narración para el liderazgo eficaz*

- Incidente: Describe la situación que hayas tenido que enfrentar. Establece quién, qué, cuándo, dónde y por qué.
- Reflexión: Explica cuáles fueron las reflexiones para tomar una medida o no.
- Relevancia: Explica qué medida se tomó y cuál fue su relevancia.

Una asistente a los cursos de Dale Carnegie —una empleada administrativa de escuelas, que había estado en contacto con varios grupos de niños en edad escolar en Estados Unidos y Canadá— describió el poder de la narración de este modo: "Aprendí muy pronto que, para mantener a un niño interesado, debía contarle historias acerca de personas. Si generalizo o uso ideas abstractas, una niñita se moverá, inquieta, en su silla; luego un niño le mostrará la lengua a otro; y no faltará mucho para que un tercero arroje algo". Cada vez que ella contaba una historia, los niños quedaban cautivados.

En una oportunidad, un grupo de ejecutivos estadounidenses se inscribieron a un curso de Dale Carnegie en París; el primer ejercicio fue dar una charla sobre "Cómo triunfar". La mayoría comenzó resaltando las virtudes tradicionales. Predicaron, sermonearon y aburrieron a su audiencia. El instructor, entonces, detuvo la clase y dijo: "Nadie quiere un sermón. Nadie disfruta eso. Recuerden que deben ser concisos y transmitir pasión. Si no, nadie va a prestar atención a lo que dicen. Es así de simple. También tengan en cuenta que una de las cosas más interesantes del mundo es abrirse. Cuenten de dónde vienen y quiénes son —se ganaron el derecho de hablar de eso—, cuenten sobre sus éxitos y sus fracasos. A los demás, les encantará escucharlos: recuerden esto y actúen en consecuencia. Además, para ustedes, será mucho más sencillo de narrar que un sermón verboso, porque es algo que conocen".

En dos minutos, se puede compartir un incidente que hayas tenido que vivir, y, en ese lapso, el público quedará atrapado. Capturarás su atención mejor que con cualquier dato, cifra, teoría, concepto, gráfico o tabla. Sé breve y concéntrate en el hecho. Establece el tiempo y el espacio desde el comienzo. "El año pasado, después de la reunión de la junta, mi jefa me llamó a su oficina y…" o "Hace cinco años, estaba en la cafetería con un colega cuando…". Incorpórate a la escena lo antes posible y sin preámbulos; por ejemplo, "Quiero contarles de una vez en la que mi jefe estuvo de veras insatisfecho con mi desempeño…". Métete de lleno en la historia y cuéntala sucintamente y de modo tal que los demás experimenten lo que tú experimentaste, que sientan lo que tú sentiste y reaccionen como tú reaccionaste. Luego, comprueba que tu audiencia haya comprendido la clave de la historia. Comparte con ellos cuál fue tu reflexión, tu punto de inflexión, lo que recogiste de la experiencia. Por último, háblales de la relevancia, lo que responde a la pregunta "¿Y a mí qué?". En otras palabras, "¿Para qué nos compartes esta historia y tus reflexiones? ¿Qué tienen que ver con tu liderazgo para ayudarnos a sortear esta situación o este problema?".

Un ejemplo:

"(INCIDENTE) El año pasado, después de la reunión de la junta directiva en junio, mi jefa me llamó a su oficina. Me di cuenta de que luchaba por controlarse. Eso me puso nervioso. De repente, sentí calor en las mejillas y una gota de sudor me bajó por la espalda. Me explicó que no estaba feliz con mi comportamiento en la reunión. Había llegado cinco minutos tarde y con medio sándwich en la mano, que terminé de comer durante la reunión. Y, en dos oportunidades, había interrumpido las preguntas de los miembros de la junta, con el solo propósito de defender mi propia iniciativa. Me dio mucha vergüenza saber que mi jefa se había sentido incómoda por mi accionar. Luego me aconsejó mejorar mi aspecto como profesional y ser más respetuoso con los miembros de la junta si quería permanecer en la organización. *Auch*. (REFLEXIÓN) Me di cuenta de que había encarado la reunión de la junta directiva como si fuera cualquier otra reunión. Mi comportamiento hubiera sido normal en una reunión de trabajo común. Pero esta no era una reunión con mis pares. Se trataba de la junta que orienta, apoya y brinda su aprobación y financiamiento a la empresa. (RELEVANCIA) En el esfuerzo por entender las diferencias entre los inversores y las audiencias con las que trabajamos, es importante que tengamos en claro qué es lo que se espera de nosotros. Si no lo sabes, pregúntale a tu jefe o a un colega, y así evitarás causar una mala impresión o, incluso, que te despidan".

Algunas personas dudan de que pueda contarse una historia completa en menos de dos minutos. Un buen ejemplo de lo eficaz que puede resultar la brevedad es el inicio de aquella frase famosa del astronauta Neil Armstrong cuando puso un pie en la Luna: "Un pequeño paso para el hombre…". El énfasis recayó en una acción natural. Asoció el momento a algo que todos conocían. Entonces, el resto de la frase fluyó naturalmente. "Un gran paso para la humanidad" habría resultado pretencioso si no hubiese estado precedido por un concepto más cotidiano. Armstrong logró contar una historia en solo doce palabras, que aún hoy se escuchan en cualquier parte del mundo.

*Convence a los demás de tu manera de pensar*
10. La única manera de obtener lo mejor de una discusión es evitarla.
11. Muestra respeto por las opiniones de los demás. Nunca les digas que están equivocados.
12. Si estás equivocado, admítelo enseguida, abierta y enfáticamente.
13. Comienza siempre con simpatía.
14. Haz que la otra persona responda "sí, sí" de inmediato.
15. Permite que el otro sea el que más hable.
16. Permite que la otra persona crea que la idea es suya.
17. Intenta, sinceramente, ver las cosas desde el punto de vista del otro.
18. Sé empático con los deseos y las ideas de los demás.
19. Invoca los motivos más nobles.
20. Demuestra tus ideas en forma concreta.
21. Plantea un desafío.

Estos doce principios están vinculados con obtener cooperación, que es lo mismo que lograr trabajar juntos por un objetivo en común y muy diferente de manipular. En este caso, lo que se pretende no es manipular al otro mediante engaños, adulaciones y mentiras. Se trata de valorarlo genuinamente como persona y por su aporte a la conversación, no de marcarle errores y provocar una actitud defensiva. La clave es intentar comprender su perspectiva y ayudarlo a que logre lo que resulte mejor tanto para ti como para él o ella. El principio 17, "Intenta, *sinceramente*, ver las cosas desde el punto de vista del otro", nos recuerda que, para obtener una auténtica cooperación, el objetivo debe resultar de interés para ambas partes. Eso se logra involucrando genuinamente al otro como socio en el proceso.

## Liderar el cambio / Ser un líder
## Principios del 22 al 30

Hace cinco años que Holly trabaja como recepcionista en un estudio de abogados. Cada vez que un cliente llega, hace lo posible para que se sienta cómodo, ya que sabe que nadie recurre a un abogado si no tiene un problema. El abogado principal del grupo, Myles, se preocupa por elogiar a Holly delante de los clientes. "No sé qué haríamos sin ella. Los clientes la adoran porque los hace sentir bien recibidos". Al hacer esto, Myles le está otorgando una buena reputación para que ella esté a la altura y, si, en el futuro, Myles tiene que señalarle un error, Holly sabrá que lo hace desde un lugar de respeto. Las personas se predisponen mucho mejor para recibir objeciones cuando no es lo único que reciben del otro. Hay estudios que demuestran que la proporción entre elogios y críticas debe ubicarse entre un cuatro a uno y un ocho a uno para efectivamente modificar el comportamiento sin hacer mella en el entusiasmo ni en la moral de las personas. Por eso, uno de los primeros principios para ser líder dice "Brinda elogios genuinos y sinceros".

El entrenador de básquetbol, Phil Jackson, es un ejemplo perfecto de un líder que expresa este principio. Muchos lo consideran uno de los mejores entrenadores en la historia de la NBA. Jackson fue un jugador competente (ganó dos campeonatos) y también un entrenador competente (los equipos que dirigió ganaron once campeonatos en total). Sus habilidades como jugador lo convirtieron en un modelo de conducta, y sus habilidades como líder lo convirtieron en un entrenador eficaz.

Phil Jackson dirigió a estrellas de la NBA, como Michael Jordan, Kobe Bryant y Shaquille O'Neal. Estos jugadores han sido de los más talentosos que pisaron una cancha, pero tenían rasgos de personalidad y conflictos interpersonales que complicaban su conducción. De hecho, antes de trabajar con Phil, ninguna de estas superestrellas había ganado un campeonato en la NBA.

¿Qué hizo Phil? ¿Cómo combinó las destrezas y las falencias de estos jugadores y las transformó en un equipo ganador? Entendiendo que era su responsabilidad sacar lo mejor de cada jugador y que debía adaptar su estilo de liderazgo a las necesidades de cada uno de ellos.

Por ejemplo, Michael Jordan se esforzaba muchísimo en el gimnasio. Estimulaba a sus compañeros a dar más de sí a través de su ejemplo. Kobe Bryant era la misma clase de jugador. Shaquille O'Neal era mucho más relajado. No era de los que más se exigían en el gimnasio y necesitaba un entrenamiento diferente. Jackson se dio cuenta de que los intereses de O'Neal se dividían entre el rap y el básquetbol, y le propuso un desafío. "Haz a un lado la música y llegarás a ser el mejor jugador de la Liga". O'Neal le hizo caso y recibió el premio al mejor jugador de la Liga en 2000.

Y los tres, en toda su carrera, ganaron más que suficientes campeonatos en la NBA.

Este ejemplo ilustra el poder de brindar apoyo personalizado a aquellos que están a nuestro cargo. No se trata solamente de ser un administrador eficaz, que brinda a los demás la información y las herramientas que necesitan para hacer su trabajo. Se trata de detectar los puntos fuertes y débiles de las personas y de motivarlas para que se concentren en los fuertes.

> *"En épocas turbulentas, como la pandemia de COVID, el mundo cambia. Pero lo importante no cambia, porque las personas y los líderes siguen siendo los mismos. Uno debe liderar la situación que le toque cada día, sin importar cuál sea. Un liderazgo de verdad es como un analgésico: sabe dónde actuar ya sea que te duela la cabeza o la rodilla. Abre cualquier página de un libro de Dale Carnegie y encontrarás una solución para cualquier dolor que tengas".*
> JOE CARDIELLO, instructor calificado y director de Capacitaciones en el sudeste de Florida

## El liderazgo incompetente más común

Comparemos los ejemplos que acabamos de mencionar con los diferentes tipos de líderes incompetentes. El caso más obvio es el del jefe que te grita, te menosprecia y, básicamente, te trata muy mal. Si bien esta forma de liderazgo es definitivamente mala, existen otras más sutiles.

El *liderazgo laissez faire* (el jefe no lidera; solo deja que las cosas sigan su curso natural) no es constructivo ni destructivo. De acuerdo con el *British Journal of Management*, es el tipo de liderazgo incompetente más común en la actualidad. Lo sigue el *liderazgo comprensivo desleal* (dice apoyarte pero te traiciona a tus espaldas), mientras que el *liderazgo tiránico* es el menos frecuente.

¿Qué es peor que tener un jefe *laissez faire*? Tener un jefe ausente. Para muchos, tener un jefe que les permita hacer lo que quieran parece ideal. Sin embargo, las investigaciones demuestran que un líder que te ignora es peor que otro que te trata mal.

Una encuesta realizada a mil empleados en 2015 demostró que ocho de las nueve quejas principales acerca de los líderes estaban relacionadas con comportamientos *ausentes*; a los empleados les preocupaba los que sus jefes *no hacían*. Queda claro que, desde el punto de vista de los empleados, un liderazgo ausente es más problemático que otras formas más explícitas de mal liderazgo.

¿Qué nos dice esto sobre cómo predicamos liderazgo con el ejemplo? Que un líder puede ser considerado competente o incompetente no por su personalidad o su simpatía, sino por *lo concretas que sean sus demostraciones de apoyo hacia las personas a su cargo*. Brindar lo necesario para que los demás prosperen, comprometerse y demostrar pasión son las características que definen a un líder como competente a los ojos de las personas a su cargo. ¿Qué es lo que estas personas necesitan? A continuación, la lista con nueve principios de Dale Carnegie nos propone acciones directas para satisfacer las necesidades esenciales de aquellos que lideramos. Desde ya que estas no son las únicas acciones; también es importante dar instrucciones claras, tomar decisiones con celeridad, pagar un buen salario, etcétera. Pero esta es la lista de las actitudes que los mejores líderes demuestran con el ejemplo todos los días.

*Lista para ser líder*

22. Comienza con una felicitación y una alabanza genuinas.
23. Señala los errores de los demás de manera indirecta.
24. Habla de tus propios errores antes de criticar a otra persona.
25. Haz preguntas en vez de dar órdenes directas.
26. Evita que la otra persona pase vergüenza.
27. Elogia todos los progresos, hasta el más mínimo. "Alaba genuinamente y no escatimes en elogios".
28. Otorga a la otra persona una buena reputación para que pueda estar a la altura del resto.
29. Estimula a los demás. Haz que los errores parezcan fáciles de corregir.
30. Haz que la otra persona se sienta feliz de hacer lo que le sugieres.

En este capítulo, analizamos algunos de los requisitos más importantes para generar confianza, obtener cooperación y liderar el cambio. Esto se logra siendo más amables, convenciendo a las personas de nuestra manera de pensar, liderando y ofreciendo a los demás el apoyo que necesitan. En el próximo capítulo, hablaremos de las técnicas y las herramientas que, en nuestra opinión, son las más beneficiosas para un líder.

---

**CONCLUSIONES CLAVE**

---

- Aprender a aplicar los principios de relaciones humanas de Dale Carnegie puede transformar por completo no solo el modo en que interactuamos con los demás como líderes, sino también todas nuestras relaciones.

- Los principios son treinta; se dividen en tres categorías que conforman la Pirámide de Liderazgo.
- La fórmula de narración para el liderazgo es: Incidente 90% + Reflexión 5% + Relevancia 5%
- Un liderazgo eficaz implica detectar los puntos fuertes y débiles de las personas y motivarlas para que se concentren en los fuertes.
- Uno debe liderar la situación que le toque cada día, sin importar cuál sea.

6

# Aplicación de los procesos y las herramientas pertinentes

—*Un café frío con leche de almendras y un toque de vainilla sin azúcar, por favor.* —Hacía tres semanas que Fran Bianco se había reunido por última vez con Warren Cantel y estaba ansiosa por saber si había logrado implementar las herramientas que le había dado. Ahora estaban en la cafetería de la empresa.

—Yo invito, Fran. —Warren se acercó por detrás y le extendió su tarjeta de crédito al cajero—. Y, como dicen en una película famosa, "Quiero lo mismo que ella".

Tomaron sus cafés y fueron a buscar un asiento. Fran no lo podía creer: hasta el ASPECTO de Warren era diferente.

—¿Cómo va todo, Warren?

—Mucho mejor. Como me habías dicho, yo ya tenía muchas de las cualidades en la base de la pirámide. Eso de "sé más amable". Lo que me faltaba hacer era subir al nivel de "obtén cooperación".

—Eso es muy común cuando te ascienden dentro de un mismo grupo. No es fácil establecer un liderazgo con quienes antes fueron tus compañeros. —Fran bebió un sorbo de café—. Pero te ascendí porque sabía que podías hacer ese trabajo. Vi cómo habías conducido al grupo anterior y confiaba en que podías crecer más como líder. Cuéntame qué estuviste haciendo.

—Una de las cosas que hice fue aplicar la fórmula de narración para el liderazgo durante las reuniones. Por ejemplo, hace dos *martes, tuvimos una reunión para revisar la nueva capacitación para la inclusión que lanzaremos el próximo trimestre. Antes de hablar contigo, estaba aterrado. La actitud de todos hacia el programa que yo había propuesto era muy negativa, pero sabía que, en realidad, no lo habían leído. Así que comencé compartiendo con ellos una anécdota de cuando conseguí mi primer trabajo (no en esta empresa sino en otra) y literalmente me acosaron por mi acento. Además de contarles esto, les pedí que recordaran qué se siente cuando te excluyen de algo y que me hicieran un favor: que leyeran la propuesta de capacitación. Que la leyeran con la mente abierta, pensando que quizás esa capacitación podía servir para que otros no sintieran la sensación horrible de no pertenecer.*

—¡Genial! Parece la aplicación perfecta de la fórmula. ¿Cómo resultó?

—*Todos en el equipo leyeron la propuesta, excepto una persona. Y, la semana pasada, otros miembros del equipo compartieron sus propias experiencias de haber sido excluidos, lo que aumentó el entusiasmo por el proyecto.*

—¡Fantástico, Warren! —Fran no quería preguntarle quién había sido el que no leyó la propuesta y que la reunión se transformara en "Warren acusa a una persona a su cargo frente a su supervisora". Entonces, le dijo—: No me digas quién no cooperó, pero sí dime cómo manejaste la situación.

—Lo que hice fue aplicar eso de "dar opinión" que tú me enseñaste. —Warren se inclinó hacia adelante, bebió un sorbo de su café frío y continuó—: Antes de llamarla a mi oficina, pensé en cómo era esa persona para comunicarse. ¿Me convenía ser más o menos directo?

*Fran asintió.*

—Bien, bien.

—*Pensé en los comportamientos que no deseaba modificar en esa persona y busqué la manera de felicitarla por eso antes de criticar su actitud. Le dije que valoraba los conceptos claros de equidad y justicia que aportaba al grupo. Después mencioné que, para triunfar, el compromiso debía ser de todos y le conté de una vez que había tenido que hacer algo que no quería, simplemente porque no había formado parte de la decisión. Por último, le dije que había notado que, en las reuniones siempre se quejaba por las injusticias. Cuando les había pedido que leyeran el material para la capacitación, esa persona se negó de inmediato porque nadie del equipo había sido consultado para su elaboración.*

*¡Fran estaba muy sorprendida! ¡Era una manera fantástica de aplicar lo que ella le había enseñado!*

*—Entonces, ¿qué pasó?*

*Warren sonrió de oreja a oreja.*

*—Puse en práctica mi capacidad de escucha para detectar la raíz del problema. Finalmente, logramos acordar que al menos le daría un vistazo al material y que nos volveríamos a reunir el martes próximo para hablar. Lo que hice fue dejarle en claro que estaba abierto a cambiar la propuesta si me presentaba razones sólidas que justificaran hacerlo.*

*—Muy bien, Warren, en serio. Estoy orgullosa de ti. Veamos ahora algunos procesos y algunas herramientas adicionales que puedes aplicar para seguir creciendo como líder.*

## Procesos y herramientas de liderazgo

Veamos ahora cómo aplicar procesos y herramientas que te permitirán ser un líder eficaz. Este capítulo profundiza parte del material que enseñamos en los programas de capacitación para el liderazgo de Dale Carnegie en el mundo. Miles de personas en todo tipo de empresas aprendieron estas herramientas y estos procesos para convertirse en líderes más eficaces.

*El mecanismo de pensamiento*

En el ejemplo al comienzo del capítulo, la tarea de Warren era proponer un programa de capacitación para la inclusión en su lugar de trabajo. Como decidió qué hacer unilateralmente y luego se limitó a presentar lo que él había elegido al equipo, la reacción fue de resistencia. Aunque parezca irónico, si los hubiera "incluido" en el proceso de creación del programa, ellos lo habrían aceptado mejor.

Lo único que hacía falta era entender las dos clases de pensamiento.

Como líderes, somos responsables de dos clases básicas de pensamiento. Les decimos pensamiento con "luz verde" o con "luz roja". Si damos luz verde, entramos en un modo creativo y desinhibido de pensamiento. No juzgamos la información; abrimos la mente a la generación de propuestas. Lo importante es la cantidad de información que logremos recoger, no la calidad. Ya sea dentro de un equipo o de manera individual, el pensamiento con "luz verde" se caracteriza por la generación rápida de muchas, muchas ideas.

Una vez que se crearon y se recogieron las opciones, llega el momento de pasar al pensamiento con "luz roja". Se trata de una fase de evaluación de las ideas de acuerdo con su valor. El pensamiento "con luz roja" es la continuación del pensamiento "con luz verde", y ambos procesos deben mantenerse siempre separados. Si en un semáforo se prenden las dos luces a las vez, ¡no sabríamos qué hacer! Lo mismo ocurre con el mecanismo de pensamiento en nuestras mentes. Por eso, debemos decidir si activar una forma de pensamiento o la otra, y nunca hacerlo simultáneamente.

Warren podría haber evitado el conflicto dentro de su equipo si hubiera propuesto una sesión de generación de ideas "con luz verde" antes de optar por un programa. De haberse reunido con ellos para que opinaran sobre los programas posibles, habría podido recabar una infinidad de información e ideas, que más tarde habrían evaluado habilitando el pensamiento "con luz roja". Luego podría haber delegado en el equipo la tarea de hallar distintos programas de capacitación y elegir juntos el mejor. Esto hubiera generado compromiso por parte del equipo, ya que las personas apoyan el mundo que ayudan a crear.

## El proceso para delegar

Si el liderazgo es el proceso de obtener resultados mediante otras personas, la asignación de tareas es una manera de obtener resultados sin hacer todo uno mismo.

Existen muchas razones por las que un líder elige delegar. Porque delegar:

- Nos permite repartir la carga de trabajo y nos brinda tiempo para dedicarnos a otras tareas.
- Da la oportunidad para que otros se desarrollen.
- Nos brinda la chance de sacar provecho de las preferencias o las habilidades personales de los miembros del equipo.
- Ayuda a distribuir la carga de trabajo, lo que acelera el proceso de conseguir resultados.

Estos son los pasos del proceso para delegar:

**Identifica la necesidad:** elige qué quieres delegar y elabora una descripción del resultado esperado.

**Selecciona a la persona:** identifica a la persona a quien vas a delegarle la tarea y piensa qué habilidades debe tener, o qué habilidad debería fortalecer, para hacerlo bien (este paso puede ser previo al de identificar la necesidad).

**Planifica el método para delegar:** piensa: ¿cuál es el resultado que espero?, ¿cómo es, realmente, la situación actual?, ¿qué objetivos realistas necesitan lograrse?

**Organiza una reunión:** asegúrate de que a la persona que elijas para delegar le quede claro cuáles son los objetivos y también los resultados específicos que debe lograr. Ponla al tanto de las reglas y las limitaciones y repasa los parámetros de rendimiento específicos para el caso.

**Crea un plan de acción:** la persona que hayas elegido para delegar debe elaborar un plan de acción en el que se detallen qué pasos va a seguir, cuándo se concretarán y quién será él o la responsable de que se concreten.

**Revisa el plan:** revisa el plan junto con la persona que lo elaboró, y hagan los ajustes necesarios hasta que ambos queden conformes.

**Implementa el plan:** corrobora que todas las personas involucradas entiendan cuál es su función, asuman el compromiso y trabajen en equipo para poner el plan en acción.

**Haz un seguimiento:** los líderes exitosos realizan seguimientos de los objetivos para detectar cualquier desviación de la meta buscada. Concéntrate en aquellos desvíos que influyan en el buen desarrollo del proyecto y sugiere medidas para rectificarlos. No esperes a que el proyecto haya concluido para hacer un seguimiento. Este debería ser un proceso continuo con el fin de respaldar a la persona en la que se delegó el proyecto.

*Mientras se realiza la tarea delegada...*
- Continúa generando un ambiente de empoderamiento, confianza, progreso y apoyo.

- Casi sin intervenir, permite que la otra persona se ubique al mando de la situación y lleve a cabo sus responsabilidades, pero bríndale apoyo cuando sea necesario.
- Cuando evalúes los progresos, deja que la otra persona tome la palabra; escucha en vez de hablar.
- Siempre que sea posible, estimula a la otra persona a que resuelva los problemas y responda a las preguntas por sí sola.
- Si la otra persona recurre a ti con mucha frecuencia y con las mismas inquietudes, investiga qué sucede y bríndale asesoramiento extra. Piensa si tus explicaciones son claras, si la persona tiene algún problema de comprensión o si necesita desarrollarse más.

Al asignar tareas, damos a entender a los miembros de nuestro equipo de que pueden asumir responsabilidades. Toda decisión, ya sea grande o pequeña, implica un riesgo, lo que da un margen razonable para apartarse de los parámetros de rendimiento. Sin este grado de independencia, la otra persona podría sentir que no cuenta con la autoridad necesaria para lograr los resultados requeridos, o que lo controlan en exceso y, finalmente, perdería el entusiasmo en el proyecto.

Existe una diferencia sutil entre "asignar una tarea" y "delegar". En el primer caso, el foco está puesto en que la tarea se haga; el segundo es un método muy eficaz para ayudar a alguien a desarrollarse. Asignamos una tarea a la mejor persona para ese encargo para que lo haga. Pero al delegar, le damos a otro la oportunidad de evolucionar. Cuando delegamos, controlamos para brindar asesoramiento y apoyo, y no para decirle al otro lo que debe hacer.

"Cameron" era una gerenta de mediana categoría, que ya estaba al límite de su disponibilidad cuando su jefa le pidió que se hiciera cargo de un equipo, cuya tarea sería innovar la manera de diseñar los productos en la empresa. Cameron respondió que no quería aceptar ese proyecto. Muy amablemente, su jefa le recordó que había sido ella quien había pedido tener mayor presencia dentro de la compañía e interactuar con otras sucursales en el exterior. Si bien el proyecto requería de habilidades y miradas nuevas, con la ayuda de su jefa, Cameron logró ponerse al frente del equipo e imponer el nuevo proceso de diseño en la empresa. En reconocimiento por haber salido triunfante del desafío, a los tres meses, la ascendieron a un puesto distinto y mucho más importante.

## Rendimiento y resultados

Delegar la responsabilidad en otros es, quizás, una de las tareas más difíciles de un líder. En especial, cuando se trata de personas agradables, como Warren.

Hacía muy poco tiempo que Kent Kakaur había sido contratado como gerente general de un hotel en Nashville, Tennessee, y su tarea era renovar completamente el lugar. Había tenido trabajos similares al comienzo de su carrera, pero se había tomado un paréntesis de quince años para estar más presente en la crianza de sus hijos. Después de años de ser "el papá que cocina" en las salidas del grupo de campamento de sus hijas y de otras actividades típicas de "personas agradables", Kent no estaba seguro de todavía tener lo que hacía falta para sacar a flote un hotel en decadencia.

Cuando llegó, se sorprendió al ver lo mala que era la situación. No había duda de que ese hotel estaba perdiendo dinero. El vestíbulo estaba plagado de prostitutas y sus clientes, que a su vez eran vendedores de drogas; era algo tan habitual que la policía ya no se acercaba cuando se la llamaba por los sucesos que ocurrían ahí. ¿Para qué, si todo volvería a ser igual en menos de una hora?

Lo primero que Kent hizo fue llamar a los empleados, uno por uno, para conocerlos mejor. En esas reuniones, aplicó un proceso que enseñamos en Dale Carnegie: se llama "intravista", que no es lo mismo que "entrevista".

*La intravista*

Muchos líderes descubren que una conexión más profunda con los miembros de su equipo promueve la creación de un ambiente que incentive al compromiso, y no a la obediencia. Las "intravistas" son un método probado, que sirve para fortalecer la relación con el equipo mediante una conversación distendida.

Durante este proceso, el líder sostiene con los miembros de su equipo una conversación que aporta datos y profundiza la conexión. El propósito no es evaluar ni juzgar a la persona, como podría ocurrir en una entrevista tradicional, sino hacerle preguntas para identificar puntos en común.

Clark Merrill, instructor calificado de Carnegie, compartió una historia que narra lo poderosa que es la intravista. "En los ejercicios de intravista, les pido que armen parejas con alguien que pertenezca a otra generación. En un curso, un participante se quejó: 'No sé qué hago acá; les voy a demostrar que esto no sirve para nada'. Le asigné una pareja muy diferente de él en todo sentido. Se hicieron las preguntas y, al final, consulté qué le había parecido. Estaba sorprendido por lo bien que había funcionado y todo lo que había aprendido. Había dado por sentado que su compañero pensaría de determinada manera, pero descubrió que lo hacía de un modo que él nunca hubiera imaginado. 'Quería demostrar que este ejercicio era una pérdida de tiempo. Pero ahora sé que, cuando regrese al trabajo, voy a tener que hablar con mi equi… no, no, voy a tener que *escuchar* a mi equipo'. Ya de vuelta en el trabajo, nadie podía creer cuánto había cambiado".

Recuerda que la intravista no es para que tú hables y la otra persona escuche. Ambos deberían involucrarse en el diálogo para aprender y detectar puntos en común.

*Tres tipos de preguntas para las intravistas*

1. Preguntas fácticas

Son las preguntas típicas en una conversación; se centran en hechos concretos. Las respuestas a estas preguntas pueden encontrarse en un archivo personal. Algunos ejemplos de preguntas fácticas:

- ¿Dónde te criaste?
- ¿Qué acostumbrabas hacer cuando eras un niño?
- Cuéntame sobre tu primer empleo.
- En la escuela, ¿qué era lo que más te gustaba?
- ¿Cómo es tu familia?
- ¿Qué te gusta hacer en tu tiempo libre?

2. Preguntas causales

Estas preguntas ayudan a determinar las causas o los motivos detrás de las respuestas a las preguntas fácticas. Por lo general, son preguntas que no pueden responderse con "sí" o con "no". Algunos ejemplos de preguntas causales:

- ¿Por qué elegiste esa universidad en particular?
- ¿Qué te impulsó a estudiar eso?
- ¿Cómo llegaste a tu empleo actual?
- ¿Qué camino elegiste al terminar el secundario?
- ¿Cómo fue que te volcaste a ese pasatiempo?

3. Preguntas basadas en los valores

Estas preguntas ayudan a conectarse con el sistema de valores. Sirven para que el líder sepa qué es importante para la otra persona. Son preguntas que casi nadie formula, pero que brindan un panorama fantástico del ser interior del otro. Algunos ejemplos de preguntas basadas en los valores:

- Cuéntame sobre una persona que haya tenido una gran influencia en tu vida.

- Si pudieras volver a hacer algo, ¿qué harías diferente? Puede ser que no quieras modificar nada.
- Repasa tu vida y cuéntame sobre un punto de inflexión que hayas vivido.
- En la vida, hay momentos buenos y malos. ¿Hubo alguno que haya dejado una huella significativa en ti?
- ¿Qué consejos le darías a un joven que te los pide?
- ¿Cómo resumirías tu filosofía de vida en no más de dos oraciones?

El objetivo de las intravistas no es que el otro responda el cuestionario en el menor tiempo posible; ni siquiera que lo responda en su totalidad. El objetivo es entender mejor al otro, hallar puntos en común y conocerlo como persona, y no saber de su puesto, su función o sus responsabilidades. El liderazgo se centra en las relaciones entre las personas, y las intravistas ayudan a establecer lazos en ambas direcciones.

Luego de una intravista, estarás mucho más capacitado para aplicar los procesos y las herramientas necesarias para liderar.

En el caso de Kent, lo que hizo fue reunir a los empleados del hotel. Aplicó la fórmula de narración para el liderazgo para dejar en claro cómo quería que fuera el hotel y luego les asignó una tarea: sacarse de encima lo indeseable. Se les pediría a las prostitutas y a los vendedores de drogas que se retiraran del edificio. A los huéspedes que demostraran una conducta similar se les haría el mismo pedido. Si algún empleado sentía que no estaba preparado para hacer eso, podía recurrir a Kent para que le diera consejos. Y si el cliente se resistía, Kent no tenía problema en intervenir y hacer el papel de "chico malo".

La noche siguiente, Charley, el encargado de la recepción en el turno de la noche, le confesó a Kent: "Quiero hacer lo que usted dice, pero no sé cómo".

## Seis niveles de retroalimentación positiva o Elogios vacíos versus elogios concretos

Existen seis niveles de retroalimentación positiva; son los que solemos denominar "elogios". El elogio es una expresión cortés que expresa admiración. La retroalimentación positiva señala lo que alguien está haciendo bien —esos aspectos que queremos mantener—, sin descartar que haya otras conductas que quizás esa persona sí deba modificar. Los elogios y la retroalimentación promueven el crecimiento de las personas a tu cargo, siempre y cuando ellos sientan que lo que se les dice es sincero y que está destinado específicamente a ellos.

Los seis niveles de retroalimentación cubren desde asuntos impersonales hasta otros muy íntimos.

**6. Nivel de objetivo final:** Este es el mejor nivel de cumplidos, el más abarcativo. "Realmente entiendes el concepto de atención al cliente".

**5. Nivel de identidad:** Se centra en la esencia de una persona. "Eres un miembro importante del equipo de ingenieros".

**4. Nivel de creencia:** Se centra en las cualidades más íntimas de una persona. "Tienes una actitud positiva".

**3. Nivel de habilidades:** "Eres un maestro del Photoshop".

**2. Nivel de comportamiento:** Se centra en aquello que se puede observar. "No interrumpiste cuando Janet te contó los problemas que había con el proyecto".

**1. Nivel de entorno:** Se centra en aspectos como tu auto, tu ropa, tu casa o tu oficina. "Me gusta cómo decoraste esa pared".

Cuando le des tu opinión a alguien, intenta llegar al nivel más alto de retroalimentación, ya que tiene mayor impacto que los niveles bajos. ¿Qué prefieres? ¿Que te elogien por el color de tu abrigo o que te brinden retroalimentación positiva por lo bien que transmites el objetivo del lugar donde trabajas? Cuanto más alto sea el nivel de retroalimentación, más reconocido y apreciado por lo que es se sentirá el otro.

A continuación, algunos ejemplos.

En vez de "Tu PowerPoint fue muy exhaustivo" (entorno), di "Me pareció excelente eso de hacerles preguntas a los demás miembros del equipo para involucrarlos en el proyecto" (comportamiento).

O transforma un "Eres muy bueno organizando actividades" (habilidades) en "Eres una persona muy organizada" (identidad). O, mejor aún, "Nos ayudaste a todos a ser más organizados" (objetivo final).

Esa retroalimentación se vuelve mucho más efectiva si la respaldamos con un ejemplo concreto.

*Compara:*
"Eres muy responsable" (identidad)

*con*
"Aprecio que hayas llegado puntual a la reunión, a pesar de que estabas tratando de resolver un problema con otro cliente" (comportamiento)

*Compara:*
"Tú sí sabes escuchar" (habilidad)

*con*
"Tú sí sabes escuchar; es un placer que alguien así forme parte de nuestra empresa" (identidad).

¿Por qué es mejor hacerlo así? Porque la identidad de una persona se forma sobre la base de ejemplos concretos. El otro de veras creerá que tú lo consideras responsable si le das un ejemplo de alguna vez que haya actuado con responsabilidad.

Piensa un momento cómo te sientes cuando recibes un elogio vacío del estilo "¡Eres una persona fantástica!" y cómo cuando recibes otro concreto, "*¡Guau!* Te acordaste de mi aniversario en la empresa. ¡Qué considerado!".

### *¡Ten cuidado con los elogios vacíos/retroalimentación!*
¿Te acuerdas cuando hablamos de ese jefe complaciente, que dejaba que las personas a su cargo hicieran lo que quisieran y brindaba elogios sin asidero? No tiene sentido decirle a alguien "¡Eres el mejor!" si no podemos respaldarlo con un hecho concreto. Un elogio así tampoco sirve para reforzar un comportamiento que deseamos que la persona mantenga. ¿El mejor en qué? ¿Qué es lo que queremos que continúe haciendo? Aunque al comienzo eso sea mejor que no brindar ninguna retroalimentación positiva, el fin es llegar a ser lo más específico, eficaz y creíble como sea posible.

Otra trampa es decirle que es una maravilla a una persona que no es demasiado útil. El otro percibe lo que de veras pensamos, y advertirá la nota discordante si nuestro elogio es falso. "Mis evaluaciones de rendimiento son horrendas, pero mi jefa me dice que mi trabajo es muy bueno".

Si no encontramos nada para elogiar en alguien, cavemos más profundo. Hasta el comportamiento más esperable puede valorarse. "Valoro que siempre estés en tu puesto, atendiendo las llamadas".

### *Orientar para obtener mejores niveles de rendimiento*
No toda retroalimentación debe ser positiva. Hacer una crítica constructiva es un arte, y un paso crucial en el círculo de la retroalimentación. Como señaló Dale Carnegie, es preferible señalar los errores de los demás de manera indirecta (principio 23) y hablar de tus propios errores antes de criticar a otra persona (principio 24).

*Edgar y Erika*

Supongamos que tienes dos personas a tu cargo, Edgar y Erika. Les asignas un proyecto, pero, en vez de entregarlo a tiempo, lo posponen una y otra vez.

No todas las personas son iguales; por eso, la retroalimentación a veces debe variar. A continuación, un ejemplo:

Primero, llamas a Edgar. Con él, la comunicación debe ser directa. Si hablamos demasiado o lo sermoneamos, notaremos que fija la vista en cualquier lado y que no nos está escuchando.

"Edgar. Realmente valoro lo que hiciste ayer, cuando ayudaste a Kurt a resolver el problema en su computadora. Fue muy solidario de tu parte. Pero todavía no recibí la información que les pedí, a ti y a Erika, hace dos semanas. No sueles tener inconvenientes con ese tipo de proyectos, así que te agradecería que te concentres más en eso antes de ayudar a otros".

Lo único que Edgar escuchó fue "Ayer fui solidario. Mi jefe quiere que, en el futuro, complete los proyectos en menor tiempo". Nunca va a entender que lo que tú quieres es que entregue ese proyecto de inmediato.

No vamos a cometer el mismo error con Erika. La llamamos a la oficina. "Erika, ¿en qué quedó esa información que les pedí a ti y a Edgar hace dos semanas? Es una irresponsabilidad de su parte demorarse tanto".

Con Erika, en cambio, la comunicación debe ser indirecta. Lo más probable es que se amargue mucho por habernos fallado y que la situación la supere. El comentario es muy directo. Quizá vuelva a su sitio de trabajo, pero lo más seguro es que esté demasiado angustiada para desempeñarse como corresponde. ¿Cómo hacer, entonces, para brindar una retroalimentación que ayude a progresar? Aquí es donde el proceso de orientación de Dale Carnegie entra en juego. El gráfico a continuación ilustra la conexión entre este proceso y los principios de relaciones humanas de Dale Carnegie.

## Proceso de orientación de Dale Carnegie

**Proceso de orientación**

Paso 1. Dispone el entorno (principios del 10 al 12)
Asegúrate de que el miembro del equipo esté abierto a que lo orienten. Evita culparlo y deja en claro que lo respetas y, de ser necesario, comparte con él o con ella alguna anécdota de cuando tú enfrentaste un problema similar.

Paso 2. Involucra al miembro del equipo
(principios del 13 al 15)
Orientar es ayudar a que las personas a tu cargo descubran oportunidades de progreso y entiendan que están a la altura de las circunstancias. Obtener consensos y permitir que los miembros del equipo expresen sus ideas hace que se involucren en el proceso.

Paso 3. Evalúa la respuesta (principios del 16 al 18)
Lo ideal es que el miembro del equipo comience a "apropiarse" de la idea. El que orienta debe evaluar lo que esta persona dice y esforzar-

se por verlo desde la perspectiva del otro y por entender su situación, con el objetivo de preparar el terreno para el paso siguiente.

Paso 4. Empodera al miembro del equipo
(principios del 10 al 12)
En este paso final, el miembro del equipo comenzará a actuar y necesita contar con el estímulo de una razón sólida o de un desafío.

En el ejemplo anterior, Kent escuchó al encargado de la recepción cuando le contó cómo había sido la experiencia hasta ese momento. Entonces, Kent le compartió algunas anécdotas de cuando había regenteado un hotel en Las Vegas y de lo asustado que había estado al principio al tener que confrontar con algunos personajes indeseables (Paso 1). Luego le comentó ciertas estrategias que, personalmente, le habían dado resultado y pidió opinión al recepcionista (Paso 2). Conversaron sobre las estrategias que se habían intentado antes, y Kent dijo entender su perspectiva (Paso 3). Era el momento de que el recepcionista actuara: mientras Kent lo observaba, el recepcionista se acercó a un grupo instalado en el vestíbulo y les pidió que desalojaran el lugar. Tras esto, Kent le propuso que repitiera el procedimiento todas las noches durante una semana y que luego le informara cuál había sido el resultado (Paso 4).

*Fomentar el rendimiento máximo*
Desde ya que los rendimientos nunca son lineales. A veces, a pesar de nuestro esfuerzo, no logramos los rendimientos esperados. Algunos de los miembros del equipo de Warren Cantel jamás leerán los materiales, como se les pidió que hicieran. Y algunos de los empleados del hotel donde trabaja Kent seguirán haciendo la vista gorda.

¿Por qué razón, aun cuando tienen bien en claro qué es lo que se pretende y se espera de ellas, algunas personas no cumplen con los objetivos en lo que respecta a resultados o desempeño?

Estas son algunas razones posibles.

- La persona carece del conocimiento o las habilidades que se requieren para la tarea.
- La persona carece de los recursos necesarios.
- Se recompensa su rendimiento aunque no se corresponda con lo esperado.
- No se lo recompensa si su rendimiento es el esperado.

En el ejemplo de Kent, los empleados del hotel no contaban con las habilidades necesarias para lidiar con las conductas extremas que tenían lugar en su ambiente de trabajo. Tenían miedo y no sabían cómo actuar. Por eso, Kent les brindó los recursos que necesitaban. Hasta ese momento, no había habido ninguna sanción por hacer la vista gorda, y la recompensa era que, aun actuando así, todos conservaban el trabajo.

## *Margen de error permitido y razonable*

Si eres líder o brindas orientación, apuntar a la perfección solo te causará desilusión. Cuando conduces, a veces sobrepasas las líneas al costado del camino. O viras para sortear un obstáculo. O te detienes a un costado para cambiar la música. Eso puede ocurrir, y, mientras no choques contra las vallas laterales u otro auto, no hay problema. Del mismo modo, si un miembro del equipo se desvía de la línea, aprovecha la oportunidad para reorientarlo. En cambio, si la persona repite sistemáticamente ese accionar (es decir, choca contra las vallas), es obvio que está lejos de los parámetros de rendimiento. ¿Cómo detectar si un rendimiento deficiente se resuelve orientando a la persona, o si se trata de algo más?

## *Cómo evaluar si un rendimiento es deficiente*

Cuando alguien que, aparentemente, posee la capacidad de realizar su trabajo según lo esperado no lo hace, piensa en lo siguiente:

- ¿Qué preguntas deberías hacerte para evaluar tu influencia en esa situación?
- ¿Qué otras preguntas deberías hacer para evaluar la situación? (Esto podría incluir otras variables, más allá de tu influencia).
- ¿Qué deberías observar en el lugar de trabajo?
- ¿Cómo puedes evitar formarte preconceptos?

En otras palabras, primero, mírate a ti mismo. ¿Qué papel juegas en el rendimiento deficiente de esa persona? ¿Hiciste lo correcto cuando le comunicaste las expectativas? Si la respuesta es afirmativa, busca en otra parte. ¿A la persona le ocurre otra cosa? ¿Tiene algún problema personal del que no estés al tanto? Llama a esa persona y habla con él o ella. No prejuzgues ni pienses que el rendimiento deficiente es intencional o se debe a su "mala actitud".

Randah había estado trabajando durante tres días y tres noches en una propuesta para un posible cliente nuevo. Había trabajado mucho, incluso hasta bien entrada la noche, pero la propuesta se envió a tiempo y —si la aceptaban— la empresa podría alcanzar sus objetivos. Cuando el jefe de Randah tuvo la propuesta en sus manos, se disgustó al ver errores de tipeo y de formato. Organizó una reunión con el equipo para reprenderlos por la mala calidad del trabajo. Antes de la reunión, Randah le recordó a su jefe que el equipo había trabajado prácticamente sin descanso para elaborar la propuesta, y que se había esmerado, dado el poco tiempo que había otorgado el cliente, para enviar la mejor propuesta posible. El jefe no estaba al tanto de esto; por eso, decidió cambiar el enfoque e inició la reunión brindando elogios genuinos. Luego, les pidió que le informaran qué había resultado bien y qué podían mejorar la próxima vez. Sugirieron que, en otra oportunidad, convocaran a una persona que no perteneciera al equipo para que revisara la propuesta antes de enviarla, lo que garantizaría una mejor calidad de la propuesta final. Tanto el jefe como el equipo salieron satisfechos de la reunión, ya que se había reconocido el esfuerzo de los empleados y todos sentían que la próxima vez saldría mejor.

## Marco para encarar desviaciones de los parámetros de rendimiento (Principios del 22 al 30)

El área de Capacitaciones de Dale Carnegie desarrolló un marco eficaz para encarar las desviaciones de los parámetros de rendimiento. Sería algo así:

**Marco de manejo para las desviaciones de rendimiento**

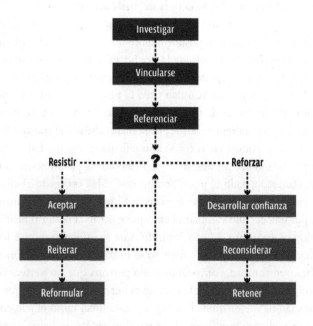

*Investigar*
Asegúrate de haber reunido todos los datos antes de la reunión. No saques conclusiones; solo recaba información. Mantén la mente abierta y mira más allá de los hechos para comprender mejor las motivaciones. La investigación comienza por la pregunta "¿Vale la pena salvar a esta persona?". Tu respuesta definirá el paso siguiente.

*Vincularse*
Establecer un vínculo es crear un reservorio de buena voluntad y confianza mutuas, acumulado a lo largo de un período extenso de trato honesto (la intravista ayuda a nutrir ese reservorio). En la reunión, empieza por hacer que la persona se sienta a gusto y calme su ansiedad. Una forma de lograr esto es brindarle un elogio genuino, basado en un hecho concreto. Es decir, háblale de alguna conducta que te haya llamado la atención, en vez de limitarte a un elogio.

*Hacer referencia al problema o a la desviación del rendimiento*
En este paso, concéntrate en el problema y no en la persona. No utilices pronombres personales. El hecho fue lo que estuvo mal, no la persona que lo cometió. Dale al otro la oportunidad de que explique qué ocurrió y luego dile lo que sabes al respecto.

Escucha para comprender y determinar si esa persona acepta su responsabilidad, o si la evade y culpa a otros. El objetivo es recabar hechos e información para identificar con precisión el problema y sus causas. Al evitar en parte que el otro se ponga a la defensiva y al no sacar conclusiones apresuradas, salen a la superficie diferentes perspectivas, y se puede identificar la raíz del problema.

El punto de inflexión es si la persona **acepta** el problema o se **resiste** a hacerlo. Su accionar, actitud y comportamiento determinarán el paso siguiente.

Si la persona **acepta** el problema o la desviación de los márgenes de rendimiento, y asume su responsabilidad, lo que sigue es:

*Reformular el rendimiento*
El propósito de este paso es remediar el problema, reducir las posibilidades de que vuelva a ocurrir y restablecer los niveles de rendimiento de la persona. También implica elaborar un plan para evitar que se repita.

La manera de encarar este paso difiere según el empleado. Al que asume su responsabilidad se lo alienta a proponer distintas estrategias para corregir la situación. Se lo puede integrar al proceso de análisis del problema y de toma de decisiones. Con el empleado que niega el hecho y culpa a otros, primero, vuelve a aclarar cuáles son las expectativas de desempeño y, luego, oriéntalo para que logre aceptar su responsabilidad y restablecer su confiabilidad.

*Desarrollar la confianza*
Este paso se centra en la persona. Obviamente, alguien que cometió un error se siente, en cierta medida, un fracasado y lo más probable es que dude al enfrentar una nueva oportunidad. En ese caso, el líder debe ayudar a que el empleado contemple la situación dentro de un contexto distinto.

Asegúrale al empleado que es valioso e importante para la empresa y que cuenta con tu apoyo y tu estímulo. El empleado debería salir de la reunión con la motivación de poder alcanzar el rendimiento óptimo por su relación sólida con la empresa.

En el caso de los empleados que niegan el hecho y culpan a otros, el objetivo es que se vayan de la reunión habiendo adquirido el sentido de la responsabilidad y comprendido cuáles son las expectativas de la empresa. También deberían sentir tu interés y compromiso en que ellos tengan éxito y se desarrollen.

*Retener*
Si completaste los pasos anteriores con buenos resultados, aumentaste las posibilidades de retener a la persona, su compromiso y la moral

del equipo. Eso genera confianza y acrecienta el grado de compromiso y de ética profesional.

Si la persona se resiste a tus esfuerzos por enmendar la situación o mejorar tu desempeño, o se niega a aceptar el problema, debes pasar al paso de la reiteración.

*Reiterar*
Reitera los hechos, la gravedad y los conceptos que determinan el problema, y la solución adecuada. Esto le brinda a la persona una posibilidad más de hacer lo correcto.

*Reforzar*
Cuando la persona se niega a aceptar su responsabilidad, deberás recordarle cuál es, formalmente y por escrito, antes de tomar medidas. Es probable que tu empresa cuente con políticas y procedimientos al respecto.

*Reconsiderar*
A veces, te das cuenta de que el empleado no se ajusta a una tarea, proyecto o departamento en particular. Averigua cuáles son los puntos fuertes, los intereses y los objetivos de esa persona y búscale un lugar al que se adapte mejor. Es injusto, tanto para el empleado como para la empresa, perpetuar una situación en la que la persona siente que jamás va a progresar. El último recurso —después de intentar orientarlo para que logre el rendimiento deseado— es apartarlo de esa área de responsabilidad: reemplazarlo, reasignarlo o apartarlo de la empresa.

## Ejemplo de implementación del marco para encarar las desviaciones de los parámetros de rendimiento

*—Gracias por venir, Carl. —Warren Cantel lo saludó cuando el hombre entró en su oficina—. Toma asiento. —Antes de la reunión, había inves-*

*tigado y estaba preparado para enfrentar el problema de desempeño de Carl. Empezó intentando establecer un vínculo—. ¿A tu esposa le gusta el auto nuevo? Era un Honda, ¿no?*

—*Le gusta muchísimo. Cada vez que se lo pido prestado, me dice que, casualmente, tiene que ir a algún lado.*

*Se rio, y Warren asintió.*

—*Dile que te ofreces a llevar a tus hijos a fútbol. Va a estar encantada de prestártelo.*

—*Tienes razón.* —*La tensión en los hombros de Carl comenzó a relajarse. Era hora de hacer referencia al problema.*

—*Te llamé para conversar sobre el asunto de la descripción de los empleos. ¿Qué pasa con eso?*

*Warren lo dejó hablar.*

—*El tema es que resulta bastante más complejo de lo que pensábamos. Algunas de las descripciones se actualizaron por última vez en los ochenta y no usan lenguaje inclusivo. Tengo que investigar muchísimo para asegurarme de estar usando la terminología correcta.* —*Carl aceptaba el problema y no asumía una postura defensiva; eso le dio la pauta a Warren de que había llegado al meollo de la cuestión.*

—*Claro, tiene sentido. Pero el plazo que nos queda es muy ajustado. ¿Cómo puedo ayudarte para que el trabajo esté terminado esta semana?* —*El deseo de Warren era ayudarlo a restablecer su confianza.*

—*Esto me tiene muy mal, Warren. No sé... ¿Y si le pedimos a Leah que me ayude? Es la mejor cuando se trata de entregar a tiempo.*

*Warren se alegró al saber que a Carl lo preocupaba no poder cumplir con el plazo de entrega. Ahora necesitaba desarrollar su confianza y retenerlo dentro de la empresa.*

—*Valoro lo que hiciste, Carl. No tenía idea de que le estabas dedicando tiempo extra a este proyecto. No creo que haya problema en pedirle a Leah que te ayude. Para el próximo lunes, Leah y tú revisarán las descripciones de los empleos para corroborar que estén completos y actualizados y que se use lenguaje inclusivo. ¿Te parece bien?* —*Warren estaba satisfecho; solo había tenido que reiterarle el problema, sin la necesidad de reconsiderar el futuro de Carl en la empresa.*

*Carl sonrió, genuinamente aliviado.*

*—Me parece fantástico, Warren. Gracias.*

En este capítulo, hablamos sobre las herramientas que puede aplicar un líder emergente para orientar y liderar a las personas a su cargo y llevarlas a niveles más altos de rendimiento.

---
### CONCLUSIONES CLAVE
---

- Hay dos clases de pensamiento: con luz verde y con luz roja.
- El pensamiento con luz verde implica un modo creativo y desinhibido de pensamiento; el objetivo no es eliminar opciones, sino generarlas.
- El pensamiento con luz roja es una fase de evaluación de las ideas de acuerdo con su valor.
- Existen muchas razones por las que un líder elige delegar.
  - Permite repartir la carga de trabajo y brinda tiempo para que el líder se dedique a otras tareas.
  - Da la oportunidad para que otros se desarrollen.
  - Brinda la chance de aprovechar las preferencias o las habilidades personales de los miembros del equipo.
  - Ayuda a distribuir la carga de trabajo, lo que acelera el proceso de conseguir resultados.
- El proceso para delegar es:
  - Identificar la necesidad
  - Seleccionar a la persona
  - Planificar el método para delegar
  - Organizar una reunión
  - Crear un plan de acción

- Revisar el plan
- Implementar el plan
- Hacer un seguimiento
- Las "intravistas" son un método probado, que sirve para fortalecer la relación con el equipo mediante una conversación distendida.
- Los seis niveles de retroalimentación positiva son:
  - Entorno
  - Comportamiento
  - Habilidades
  - Creencia
  - Identidad
  - Objetivo final
- Existe un marco para encarar las desviaciones de los parámetros de rendimiento. Se puede leer en la página 134.

En la Parte I del modelo para el liderazgo de Dale Carnegie, analizamos las cualidades personales del líder, esas que nos convierten en modelos de conducta de lo que esperamos ver en otros: valoración de uno mismo, responsabilidad, interés en los demás y estrategia.

En la Parte II del modelo para el liderazgo de Dale Carnegie, nos dedicamos a la otra parte de lo que implica ser un modelo de conducta: la aplicación de los principios de relaciones humanas y de los procesos y las herramientas adecuadas para liderar grupos e individuos.

En la Parte III veremos cómo todo lo que aprendimos hasta el momento lleva al logro deseado; de ese modo, cuando unamos las tres partes, alcanzaremos las metas corporativas e individuales, que son tan relevantes para nosotros.

# PARTE III

## *Abre la puerta a las consecuencias esperadas*

Amazon. Google. Facebook. Uber. Esas son solo algunas de las empresas consideradas "disruptivas de la industria". Esas empresas redefinieron —o, en algunos casos, definieron— el modo de hacer negocios en su rubro.

Lo mismo había ocurrido antes con McDonald's y con Walmart; cuando una empresa le cambia la cara al mercado, ¿quién impulsa ese cambio? ¿La empresa o sus líderes?

En el área de Capacitaciones de Dale Carnegie, creemos que son los líderes los que empujan a las empresas en una dirección que otros luego quieren adoptar. Las empresas están conformadas por personas, y los líderes son personas.

De todos modos, este libro no se escribió para los ejecutivos de Amazon, Google, Facebook o Uber. Se escribió para esos líderes en desarrollo que desean alcanzar los logros que representan los objetivos de su empresa. Por cada Jeff Bezos, Sundar Pichai, Mark Zuckerberg y Dara Khosroshahi, hay miles de líderes que trabajan para ellos y que colaboran para lograr las metas de la empresa. Quizá no seas uno de los líderes máximos dentro de la organización, pero los proyectos que están a tu cargo son importantes para que esa organización triunfe.

Por eso, la base de las propuestas de este libro y del modelo para un liderazgo exitoso es el liderazgo personal. Es tu valor como líder lo que te permite ejercer influencia en los que te rodean y lograr resultados que determinen el éxito de la empresa.

Repasemos nuevamente el modelo y pensemos de qué manera las ideas que analizamos en el libro nos permiten alcanzar las consecuencias que marcan el liderazgo.

### Modelo para un liderazgo exitoso de Dale Carnegie

Las consecuencias se producen cuando el líder individual demuestra por medio del ejemplo comportamientos de liderazgo, desarrolla habilidades personales también de liderazgo y aplica los principios para las relaciones humanas y las herramientas y los procesos para desarrollar nuevos líderes. Los logros que derivarán de esas consecuencias son el desempeño que deseamos alcanzar. Pero, antes de ese logro final, debemos atravesar la etapa de las consecuencias; es decir, la confianza y el crecimiento personal, el cambio positivo y el crecimiento de la organización, el compromiso y el dinamismo y una dirección en común, generalmente impulsada por la innovación.

## Las tres "c"

Para ser verdaderamente eficaces, los líderes deben aceptar y adoptar conductas que probadamente sirvan para obtener *conexión*, fomentar la *cooperación* y permitir la *colaboración*. En otras palabras:

- Lograr la conexión por medio de la confianza y las relaciones colaborativas
- Obtener cooperación ejerciendo influencia positiva en otros
- Liderar el cambio promoviendo la colaboración necesaria para lograr resultados.

La Parte III de *¡Lidera!* te ofrece las herramientas para alcanzar las tres "c".

## La encuesta revela...

Hace no mucho tiempo, el área de Capacitaciones de Dale Carnegie realizó una encuesta en línea, de la que participaron más de tres mil trescientos empleados de tiempo completo, pertenecientes a una variedad de industrias, tipos de empresas y puestos —desde contribuyentes individuales a directores ejecutivos— en catorce países representativos de todo el mundo. El objetivo principal de este estudio de liderazgo multicultural era identificar características clave de liderazgo que entusiasmaran y motivaran a personas de cualquier país.

La encuesta pedía a los participantes que seleccionaran características de liderazgo positivo que entusiasmaran y motivaran a dar lo máximo en el trabajo. A los empleados también se les preguntó cuáles eran los comportamientos de liderazgo más importantes de su superior inmediato y se les pidió que clasificaran el accionar de ese superior de acuerdo con esos comportamientos. Los participantes respondieron hasta qué punto podían confiar en sus líderes e informaron cuál era el grado de satisfacción con su trabajo y sus planes de permanecer o no con su actual empleador.

Si bien hubo diferencias según los países y las regiones, los datos revelaron una llamativa similitud en lo que piensan los empleados de sus líderes —y de las características de liderazgo, en general—, lo que resulta muy útil para tener en cuenta cuando lideramos a otros.

Cuando se trata de comportamientos de liderazgo esenciales para *comprometer a los empleados*, son cuatro los hallazgos relevantes que se desprenden del estudio:

### 1. Los líderes deben valorar y elogiar genuinamente a las personas a su cargo.

Quizá lo pasemos por alto en el apuro diario para cumplir con el próximo plazo o cronograma de entrega, pero el reconocimiento, la valoración y los elogios genuinos son cruciales para motivar a los empleados de todas partes del mundo. Una vez más, los datos confirman lo que Dale Carnegie divulgó hace ochenta años. Que, para ser líder, debemos comenzar "con una felicitación y una alabanza genuinas" (principio 22). ¿Por qué? El ochenta y cinco por ciento de los encuestados en todo el mundo dijeron que recibir felicitaciones genuinas de sus superiores era parcial o absolutamente importante para fomentar sus deseos de dar lo mejor de sí en el trabajo. Más de tres cuartos (76%) respondieron que era más factible que se sintieran motivados por un líder que brinda elogios genuinos y sinceros que por otro que está enfocado en que el trabajo se haga. Esto resulta ser en especial importante en Estados Unidos y en Canadá, donde los empleados se sienten particularmente motivados cuando reciben elogios y felicitaciones, comparados con sus pares en otras partes del mundo.

**Qué valor tiene esto para los liderados:** Brindar continua y generosamente alabanzas y felicitaciones genuinas y justificadas es el motor que las personas a tu cargo necesitan para seguir marchando hacia adelante. O, en palabras de Dale Carnegie, "Elogia todos los progresos, hasta el más mínimo. Alaba genuinamente y no escatimes en elogios" (principio 27).

2. Los líderes hacen bien en admitir que hicieron algo mal.
Todos cometemos errores. Así es la vida: equivocarnos es parte de vivir. Cómo manejamos las situaciones en las que entendemos que cometimos un error dice muchísimo de la clase de persona que somos. Admitir que estamos equivocados requiere de una gran dosis de honestidad, integridad y valor. Quizá por eso es que muy pocos líderes reconocen sus errores, a pesar de que el principio 12 de Dale Carnegie aconseja: "Si estás equivocado, admítelo enseguida, abierta y enfáticamente". El ochenta y un por ciento de los encuestados en todo el mundo dijeron que tener un líder que admitiera sus errores era importante o absolutamente importante para fomentar sus deseos de dar lo mejor de sí en el trabajo. Esa actitud promueve un ambiente seguro para asumir riesgos calculados, cometer errores y aprender de ellos; un ambiente "psicológicamente seguro", en el que los miembros de un equipo no teman aceptar riesgos frente a los demás. Eso genera equipos de excelente desempeño. Y, aunque los buenos líderes suelan tomar las decisiones correctas, incluso los mejores tendrán alguna vez la oportunidad de demostrar su confiabilidad e integridad admitiendo que se equivocaron.

**Qué valor tiene esto para los liderados:** No malgastes energía tratando de disimular tus errores. Eso solo empeorará la situación. Si cometemos un error, lo correcto es admitirlo, pedir las disculpas del caso, enmendarlo, aprender de él y dar el ejemplo de cómo se debe actuar si nos equivocamos.

3. Los líderes eficaces escuchan, respetan
y valoran las opiniones de las personas a su cargo.
Las personas quieren participar y marcar un cambio; pero esto ocurre solamente cuando los líderes saben escuchar. De no ser así, las perso-

nas a su cargo se sentirán excluidas y rechazadas. Dale Carnegie, aconsejaba: "Aprende a escuchar y alienta a los demás a hablar sobre ellos mismos" (principio 7). Dos de los principales tres comportamientos que los encuestados más destacaron en el estudio por su importancia para motivarlos fueron que sus líderes "los escucharan de verdad" y que "respetaran su opinión". Por eso, el principio 25 de Dale Carnegie sugiere: "Haz preguntas en vez de dar órdenes directas". Las oportunidades de comunicación frecuente y directa entre líderes y liderados nunca fueron tan abundantes como ahora, dada la tecnología. Si se la usa con sabiduría, los líderes que saben escuchar pueden ejercer una influencia enorme. Henry David Thoreau escribió: "El mayor cumplido que me hicieron fue cuando alguien me preguntó qué pensaba y prestó atención a mi respuesta".

**Qué valor tiene esto para los liderados:** Como líderes, debemos recordar la vieja frase que dice que tenemos una boca y dos oídos; en otras palabras, debemos escuchar el doble de lo que hablamos. Nunca menospreciemos el efecto poderoso que tiene la escucha en nuestra condición como líderes eficaces.

4. Las personas aspiran a tener líderes que sean sinceros consigo mismos y también con los demás.

En la encuesta, la confianza se analizaba de dos maneras: la confiabilidad externa e interna. Los líderes *externamente confiables* hacen lo que dicen y dicen lo que hacen; las personas pueden contar con ellos. Solamente un treinta por ciento de los encuestados respondieron que siempre pueden confiar en que su superior será sincero en su trato con los demás. En comparación con sus pares europeos o asiáticos, los encuestados en América del Norte y del Sur respondieron en mayor porcentaje que sus superiores inmediatos eran siempre sinceros. Sin embargo, dos tercios de las respuestas indicaron que las personas no confiaban plenamente en la sinceridad de sus jefes. ¡Así que todavía hay mucho trabajo por hacer!

Los líderes *internamente confiables* son coherentes en su pensamiento y en su accionar. Son genuinos y se comportan de acuerdo con sus creencias y sus principios. Nuevamente, solo un treinta por ciento de los encuestados en todo el mundo dijeron que podían confiar en que sus superiores dijeran e hicieran cosas que respondieran a sus creencias y principios, con una opinión más positiva de la actuación de los líderes en América del Norte y del Sur que en Europa y Asia.

**Qué valor tiene esto para los liderados:** La confianza es la base de toda relación. Los líderes que comprenden que ser confiable va más allá que decir la verdad cuando alguien nos pregunta algo van en camino de crear una cultura que involucre y comprometa a las personas a su cargo. En otras palabras, para motivar a los demás, debemos asumir el compromiso de hacer lo que creemos correcto y de vivir de acuerdo con ese compromiso. No es sencillo… pero liderar nunca es sencillo.

# 7

## Confianza y crecimiento personal

*Warren no pudo evitar mirar, otra vez, el reloj en la pared. Eran las tres y media de la tarde, y Carl había prometido entregar las descripciones de los empleos antes de que concluyera la jornada de trabajo. Warren había seguido el consejo de Fran: había sometido a Carl a una intravista y repasado con él el proceso de recibir devoluciones. Finalmente, parecía que había logrado involucrar a Carl. Pero habían sido tantas las veces que Warren le había asignado esa tarea sin obtener resultados que no estaba seguro. Necesitaba poder confiar en que Carl hiciera su trabajo, lo hiciera bien y honrara el compromiso de entregarlo ese mismo día. Abrió su casilla de correos por enésima vez para ver si había recibido algún mensaje de Carl.*

## Confianza

En nuestra experiencia, los problemas relacionados con la confianza se dividen en tres áreas generales: comportamiento, competencia y compromiso. Analicemos cada una con mayor detalle.

### Comportamiento

Esto se relaciona con el tema de la confiabilidad interna que mencionamos antes. Es lo primero que se nos viene a la mente cuando pensamos en un "problema de confianza". Tiene que ver con la honestidad y la integridad. Es hacer lo que está bien, aunque nadie esté mirando. No mentir ni hacer trampa. Es hacer lo que sabemos correcto, aunque sea incómodo o difícil.

Linda es la superior directa de Armando. Están viajando juntos a una conferencia. La empresa les otorgó una cuenta para viáticos. La conferencia se realiza en la ciudad donde Linda se crio, y muchos familiares y amigos aprovechan para ir a visitarla.

Si Armando ve que Linda usa la cuenta para gastos que no estén relacionados con el trabajo, como ir de compras o invitar a sus amigos a cenar y declarar el consumo como "reunión de trabajo", es probable que deje de confiar en Linda como líder. Armando sabe que falsear un gasto es deshonesto, tramposo, y que no debe hacerse, aunque muchos lo hagan. Observar que su jefa actúa de esa manera lo coloca en una situación incómoda, y se genera un conflicto entre su sistema de valores y el ejemplo que recibe de su jefa. Aunque ella argumente "Todo el mundo lo hace", Armando no está de acuerdo con su accionar y cree que repercute negativamente en la empresa. Si eres una persona honesta, pero trabajas en una empresa en la que "todos" hacen trampa, ¿cuál es el mensaje? Aunque se trate de un hecho inusual, una vez que existe una evidencia de que alguien no es confiable, ese sentimiento se extiende a otras áreas.

Ahora imaginemos que Linda es absolutamente honesta y que, cuando su familia viene a visitarla, Armando ve que usa su tarjeta de crédito personal para cubrir esos gastos y reserva la cuenta para asuntos estrictamente comerciales. Su conclusión será, entonces, que Linda —y la empresa que ella representa como líder— es digna de confiar. Esta es la base de la confianza que tanto necesitamos cuando depositamos nuestras carreras y nuestros progresos en las manos de nuestros líderes.

Gaweed El Nakeeb, instructor de Dale Carnegie en Egipto, lo explica de esta manera: "Esta es una de las razones por las que las personas adoran los cursos de Dale Carnegie. Porque somos muy exigentes si de los principios de aplicación de los instructores se trata. Por ejemplo, la integridad. Los instructores deben demostrar integridad, tanto dentro como fuera del salón de clases. Siempre es un desafío aplicar lo que enseñamos en nuestras vidas".

Como líderes, es importantísimo que "prediquemos con el ejemplo". Si decimos una cosa, pero hacemos otra, los demás enseguida lo detectarán. Si no vivimos de acuerdo con lo que decimos, no seremos un modelo de conducta para nuestro equipo. Si no actuamos con integridad, el mal ejemplo se propagará por toda la empresa.

*Competencia*

Otra área que puede afectar la credibilidad de los líderes es la competencia. Hay pocas cosas más desalentadoras que un jefe que no sabe hacer su trabajo. No es necesario que el líder sea el mejor en algo —de hecho, es preferible que ese no sea el caso, ya que hacer y liderar son dos actividades muy diferentes—, pero sí debe tener idea de cuáles son los requisitos básicos para hacerlo. Si eres militar y lideras un grupo de pilotos, debes saber cómo volar un avión.

A veces, cuando una empresa o un grupo crecen demasiado rápido, se producen baches en la competencia. Si trabajas para una empresa que fabrica un solo producto, y de repente se expande a cinco, alcanzar el nivel de competencia necesario requerirá de tiempo.

En la situación que acabamos de describir, cuando una empresa se expande en poco tiempo, la conducción de las divisiones nuevas se asigna a los líderes más experimentados... o a personas a las que se asciende rápidamente. Esto pone de manifiesto las brechas de desarrollo dentro de los equipos, ya que no todas las personas avanzan al mismo ritmo. Algunos, que quizá se desempeñaban bien cuando la empresa era más pequeña, no poseen la experiencia o las habilidades para lidiar con las decisiones complejas que deben tomarse en otra más grande. De esta forma, se produce un problema de confianza basado en la competencia, porque no siempre los líderes experimentados piensan que los más jóvenes pueden hacer el trabajo. En vez de delegar, comienzan a microgestionar y a revertir decisiones previamente tomadas. El foco se desplaza, y se dedica más tiempo y esfuerzo a los problemas individuales que a avanzar como empresa.

Como parte del programa de rotación para el desarrollo, designaron a Aika al frente del equipo de ventas. Todos sabían que Aika nunca se había desempeñado en esa área. Bueno, sí, había vendido calzado deportivo un verano cuando estaba en la universidad, pero venderles a otras empresas era un trabajo totalmente diferente. Por eso, puso especial dedicación, durante los primeros tres meses en el puesto, en participar de las llamadas de ventas de los miembros de su equipo dos veces a la semana. Estaba atenta, hacía muchas preguntas sobre el enfoque elegido y aprendía de primera mano cómo funcionaba el proceso. Eso también le dio la oportunidad a Aika de tener conversaciones al estilo de las "intravistas" con las personas a su cargo; por otro lado, el equipo observó que, si bien las ventas eran un área nueva para ella, Aika era un libro abierto en otras, como el *marketing* y la administración de productos. Este esfuerzo no solo la ayudó a comprender las dificultades que su equipo debía enfrentar, para así poder ayudarlos, sino que construyó una base sólida de confianza en la relación laboral.

## *Compromiso*

Finalmente, el tercer componente es el compromiso, o la lealtad. Es decir, el líder siente que las personas a su cargo le son leales, y las personas a su cargo sienten que el líder les corresponde.

Hasta no hace muchas décadas, el concepto de lealtad para con el lugar de trabajo se daba prácticamente por sentado. Empezabas la carrera en una empresa, trabajabas con empeño durante cuarenta años y te regalaban un reloj de oro cuando te jubilabas. Así era como funcionaba el mundo.

Sin duda, las cosas han cambiado, y son poquísimas las personas que recorren una carrera lineal. El concepto de lealtad tampoco es el mismo. Ningún jefe puede exigirle a alguien que haga algo "porque lo digo yo" y esperar obediencia y lealtad como respuesta. Y el hecho de que un empleado "haga todo bien" no garantiza que conserve su empleo, una lección que cantidades históricas de personas aprendieron o volvieron a aprender durante la pandemia por COVID-19.

## La importancia de confiar

Simon estaba muy entusiasmado. Era su primer día como cajero en una tienda de artículos con un valor aproximado de un dólar. Había buscado empleo durante meses y, finalmente, había conseguido este. Había recibido capacitación en línea y completado un programa súper acelerado, durante el cual acompañó a un par de empleados por un período breve. La mayoría de los empleados eran extranjeros y no tenían buen dominio del idioma; por eso, dudaba de si sería capaz de encargarse de la caja solo. Pero su superior, Sue, le había asignado esa tarea, así que tenía que estar preparado, ¿no?

Sue era la gerenta regional, pero se había hecho cargo de la tienda hasta que se cubriera la vacante. Hallar empleados para esa tienda había sido un problema; siempre terminaban renunciando. Cuando entrevistó a Simon, le alegró haber encontrado un buen candidato y lo contrató de inmediato.

Un día, al finalizar el turno, cuando cerraron la caja de Simon, faltaban 212 dólares. ¡Simon entró en pánico! Era más de lo que había ganado en la semana.

Este era un punto de inflexión en el liderazgo de Sue. Los demás empleados observaban para saber cómo manejaría el problema. ¿Era posible que Simon hubiera tomado el dinero? ¿Era de verdad un error?

Sue le ordenó a Simon que la acompañara hasta la caja y, en el camino, anunció a los demás empleados:

—Faltan 212 dólares en la caja de Simon. Para que sepan, es una infracción que justifica el despido. —Los empleados tenían la vista fija en el suelo.

—Mete la mano en el cajón, Simon; quizá quedó algún billete suelto.

Simon hizo lo que le pidió y se alivió al encontrar dos billetes de 100 dólares.

—*¡Puff!* —le dijo a Sue cuando regresaron a su oficina para volver a contar el dinero—. ¡Es mejor que falten 12 dólares y no 212!

Sue giró la cabeza para mirarlo y le dijo:

—No es tan así, Simon. La política de la tienda indica que, si el faltante excede los 5 dólares, debe aplicarse una sanción.

¿Qué mensaje le dio Sue como líder? En esta situación, hay muchos niveles de error, pero quizás el peor es haberle demostrado a Simon que no confiaba en él, y, también, no ver el incidente como una oportunidad de crecimiento para él y para el equipo. La actitud de Sue hizo que Simon renunciara al día siguiente; es probable que ese fuera, en parte, la razón por la que le costaba tanto retener a los empleados.

Este ejemplo explica por qué la confianza es un logro importante del liderazgo eficaz. Cuando nos desarrollamos como líderes, y exhibimos modelos de conducta de las cualidades que deseamos ver en las personas a nuestro cargo, y aplicamos los principios de relaciones humanas, las herramientas y los procesos que hemos estudiado hasta ahora en este libro, creamos un vínculo de confianza recíproca. Si no lo hacemos, no existe la confianza. Y sin confianza, el liderazgo fracasa.

Otro logro importante es el crecimiento personal. Cuando ejercemos un liderazgo eficaz, tanto nosotros como las personas a nuestro cargo tenemos la oportunidad de crecer como personas.

## *Crecimiento personal*
—Hola, Marty, soy Jenny, la instructora en educación para la salud. La empresa me contrató para ayudar a que los empleados alcancen sus

objetivos relacionados con la salud. Muchas empresas están entendiendo que existe una relación entre la condición física de los empleados y su desempeño. Cuéntame cuál es el problema principal, en lo que a tu salud se refiere.

Marty no estaba muy convencido de este asunto de la instrucción en salud. Le parecía que era otra manera en que la empresa simulaba que le importaban los empleados para no lidiar con los problemas de fondo; pero decidió seguirle la corriente.

—Para serte honesto, Jenny, el problema es mi nivel de energía. Tengo tres criaturas y una esposa que se queda en casa con ellos. Acabamos de comprar una casa en la ciudad y, si bien no exige mucho trabajo de jardín, hay muchas otras cosas que debo hacer el fin de semana, porque ella no puede hacerlas sola. Es decir, trabajo más de cuarenta horas semanales, sin sumar el tiempo de viaje, voy a los partidos de fútbol de mis hijos, me ocupo de las tareas de la casa, y mi esposa también quiere que reserve un tiempo para ella... Es demasiado. Duermo menos de lo necesario, y ni qué hablar de comer sano o hacer ejercicio o lo que fuese para cuidarme.

Jenny sonrió y respondió:

—Gracias por compartir esto conmigo. Me alegra que reconozcas lo difícil que puede resultar enfocarse en nuestras necesidades y en el desarrollo personal. Las mejores empresas, esas en las que todos adoran trabajar y de las que nadie quiere irse, son las que se enfocan en el crecimiento personal y en el desarrollo de sus empleados.

Tal vez no estemos en una posición que nos permita implementar esta instrucción en salud en toda la empresa, pero sí podemos promover una cultura de desarrollo personal en las personas a nuestro cargo.

A largo plazo, invertir dinero, tiempo y otros recursos en iniciativas de crecimiento personal que no estén directamente relacionadas con la tarea que la persona realiza genera la confianza que deviene en lealtad.

## Nueve pasos para el crecimiento personal

Como líder, hay nueve pasos que puedes implementar para ayudar a crecer a las personas a tu cargo. Se trata del proceso para la innovación de Dale Carnegie, basado en el proceso de solución creativa de problemas de Osborn y Parnes, un método estructurado para generar maneras innovadoras y creativas de resolver conflictos.

1. Visualizar: imaginar cómo sería el futuro ideal.
2. Definir el estado de la cuestión: recabar información para determinar la verdadera situación actual.
3. Detectar el problema: identificar y priorizar problemas u oportunidades.
4. Definir la idea: dar luz verde a las ideas (generar propuestas).
5. Hallar una solución: encender la luz roja para elegir la mejor solución o el mejor enfoque.
6. Lograr aceptación: obtener la aprobación y el apoyo de los demás.
7. Implementar las ideas: poner las soluciones en acción (ejecutar).
8. Hacer un seguimiento: monitorear la implementación.
9. Evaluar: identificar y medir los resultados finales.

En el caso anterior, Jenny aplicó los nueve pasos con Marty.

1. Visualizar: imaginar cómo será el futuro ideal.
"Sería fantástico tener energía para todo en la vida. Eso incluye hacer ejercicio, comer sano, dedicarle tiempo a mi esposa y a mis hijos, ocuparme de la casa y ser eficiente en el trabajo".

2. Definir el estado de la cuestión: recabar información para determinar la verdadera situación actual.
La semana siguiente, Marty avanza con el estado de la cuestión. Habla con su esposa, sus hijos, sus compañeros de trabajo, su jefe y analiza su

nivel de energía en las distintas áreas de la vida. Dedica tiempo a pensar en qué invierte su tiempo y toma nota de las actividades que realiza en el hogar. Registra todo por escrito para su reunión con Jenny.

3. Detectar el problema: identificar y priorizar problemas u oportunidades.

Con Jenny, Marty analiza dónde se encuentran los problemas y las oportunidades. Juntos identifican cuestiones como la falta de espacio para hacer ejercicio, las opciones de comida poco saludables que se ofrecen en el trabajo, el lugar donde los hijos practican fútbol, el tiempo excesivo que dedica a las tareas del hogar los fines de semana y la ausencia absoluta de tiempo para hacer, tanto él como su esposa, actividades que les brinden energía. Al final, Marty se dispone a trabajar con el desafío de "¿Cómo lograr hábitos más saludables en el trabajo?".

4. Definir la idea: dar luz verde a las ideas (generar propuestas).

Marty y Jenny dan luz verde al pensamiento para generar propuestas. Se les ocurre la idea de hacer ejercicio en el trabajo, ir al gimnasio en el horario del almuerzo, comprar un microondas para poder calentar comidas más sanas, comprar un escritorio incorporado a una cinta para caminar, estacionar más lejos de la puerta de entrada, usar las escaleras en vez del ascensor, entre otras. Durante la semana siguiente, habla con sus amigos y compañeros de trabajo para preguntarles qué medidas toman ellos y las agrega a la lista. Anota todas las ideas, por descabelladas que le parezcan.

5. Hallar una solución: encender la luz roja para elegir la mejor solución o el mejor enfoque.

En la siguiente reunión con Jenny, implementan el pensamiento con luz roja para seleccionar las mejores soluciones. Deciden eliminar la de hacer ejercicio en el trabajo o comprar un microondas, porque creen que lo que Marty necesita es salir de la oficina. Marty promete eliminar las comidas rápidas y las máquinas expendedoras de alimentos. Y acepta la sugerencia de su esposa de planificar un tiempo para jugar al ráquetbol con sus amigos, mientras ella lleva a los hijos a fútbol… con la condición de que él los cuide cuando le toque tomarse un tiempo para ella.

6. Lograr aceptación: obtener la aprobación y el apoyo de los demás.

Marty habla con sus compañeros y les cuenta que se va a tomar un descanso todos los días para almorzar sano y ejercitarse. Les pide que lo apoyen en su compromiso y no lo interrumpan con llamadas ni mensajes, a menos de que se trate de una emergencia. Les alegra saber que Marty comenzará a cuidarse más y aprueban las medidas. Con su esposa, deciden planificar todos los domingos a la noche qué día él irá a jugar al ráquetbol con sus amigos y cuál será el día libre que le corresponda a ella.

7. Implementar las ideas: poner las soluciones en acción (ejecutar).

Durante el mes siguiente, Marty pone las soluciones en acción. No siempre es sencillo ni resulta perfecto. Pero con el apoyo de sus compañeros, le cuesta menos no quedar atrapado por el trabajo y postergar la práctica de ejercicio. En la próxima reunión con Jenny, ella se sorprende al ver cómo ha mejorado su aspecto. Está más delgado, y no solo eso: se nota que está atento y tiene más energía.

8. Hacer un seguimiento: monitorear la implementación.

Para no desviarse del objetivo, Marty tiene una llamada semanal con Jenny, en la que ella monitorea el progreso. Por ejemplo, cuando uno de los proyectos de su equipo se demoró o cuando su esposa se enfermó, debió modificar el plan, pero esto no impidió que se inclinara por elecciones más saludables que las que hubiera escogido en el pasado.

9. EVALUAR: IDENTIFICAR Y MEDIR LOS RESULTADOS FINALES.
Dos meses después, Jenny y Marty vuelven a reunirse para conversar sobre cómo va todo. Evalúan el resultado final del programa que iniciaron meses antes y concluyen que Marty tiene mucha más energía y está comprometido a mantener esa actitud, que ya incorporó a su rutina diaria.

Este proceso de nueve pasos resulta útil para resolver cualquier clase de desafío; se desarrolló teniendo en cuenta lo que las personas suelen hacer cuando solucionan problemas o generan oportunidades. Cuando aplicamos este proceso, tanto nosotros —los líderes, los instructores, los que resolvemos los problemas— como las personas a nuestro cargo experimentamos crecimiento personal. Esto ocurre a través de la interacción directa con nuestro equipo o siendo modelos del comportamiento adecuado para el problema en cuestión. Si queremos sentirnos seguros, mejor quedarnos en nuestra zona de confort. Pero si queremos crecer como líderes, debemos salir de esas zonas de confort y expandirnos. Eso implica una pérdida temporaria de la seguridad. En otras palabras: quizá no entendamos bien lo que estamos haciendo, pero de lo único que deberíamos estar seguros es de que estamos creciendo y perfeccionándonos como líderes. Y ese es un logro importante.

En este capítulo, vimos que la confianza y el crecimiento personal son componentes importantes del liderazgo. En el próximo, nos dedicaremos al segundo de los cuatro logros: el cambio positivo y el crecimiento de la organización.

---

## CONCLUSIONES CLAVE

---

- Los problemas relacionados con la confianza se dividen en tres áreas generales: comportamiento, competencia y compromiso.

- El comportamiento tiene que ver con la honestidad y la integridad. Es hacer lo que está bien, aunque nadie esté mirando. No mentir ni hacer trampa.
- La competencia implica saber cuáles son los requisitos básicos de las tareas de las personas a nuestro cargo y tener destrezas básicas de liderazgo.
- El compromiso hace referencia a que el líder siente que las personas a su cargo le son leales, y las personas a su cargo sienten que el líder les corresponde.
- El proceso de innovación de Dale Carnegie está conformado por nueve pasos que llevan al crecimiento personal. Esos nueve pasos son:

  1. Visualizar: imaginar cómo sería el futuro ideal.
  2. Definir el estado de la cuestión: recabar información para determinar la verdadera situación actual.
  3. Detectar el problema: identificar y priorizar problemas u oportunidades.
  4. Definir la idea: dar luz verde a las ideas (generar propuestas).
  5. Hallar una solución: encender la luz roja para elegir la mejor solución o el mejor enfoque.
  6. Lograr aceptación: obtener la aprobación y el apoyo de los demás.
  7. Implementar las ideas: poner las soluciones en acción (ejecutar).
  8. Hacer un seguimiento: monitorear la implementación.
  9. Evaluar: identificar y medir los resultados finales.

# 8

# Cambio positivo y crecimiento de la organización

Era 2006, y Ford Motor Company, la icónica empresa automotriz, no lo estaba pasando bien. La marca que alguna vez había sido sinónimo de "autos modernos y deportivos", como el Mustang —y de procesos de desarrollo de vanguardia, como el que aplicaron para el primer Ford Taurus— había quedado atrapada en la tormenta que obligó a un rescate de la industria automotriz por parte del gobierno.

Ford tenía un arma secreta que la convirtió en la única empresa automotriz estadounidense que logró reconvertirse sin aceptar ni una moneda del dinero de los contribuyentes destinado al rescate. Esa arma secreta era el recientemente nombrado director ejecutivo, Alan Mulally.

Durante los años en los que Mulally condujo el timón de Ford, la empresa pasó de perder 5.800 millones de dólares por *trimestre* —y de ir derecho a la quiebra— a generar miles de millones de ganancias por año. Ese período se inició en 2009 y continuó bastante tiempo después de que Mulally dejara la empresa en 2014. Aunque, en los últimos años, las cifras han tendido a ir a la baja, la recuperación de una casi bancarrota a unas ganancias envidiables durante la Gran Recesión —sin declarar la quiebra ni recibir el rescate del gobierno, y modificando activamente la cultura corporativa— es digna de mención.

¿Qué hizo Mulally? Ejerció un liderazgo eficaz y comprendió acabadamente cómo las personas —y las empresas— reaccionan a los cambios. Él lo resumió en tres palabras: "Trabajar en equipo". Puede parecer simple, pero no lo es.

Los grandes líderes son expertos en gestión de cambios. Esto es así en todos los niveles de una empresa, desde los gerentes de más bajo rango hasta los más encumbrados.

No obstante, liderar el cambio puede ser complejo, en especial por la nueva tendencia en los ámbitos de trabajo: equipos interdisciplinarios distribuidos en cientos de kilómetros a la redonda, con diferentes husos horarios y en otros países. La ausencia de las interacciones presenciales y de una conciencia cultural sólida dificulta aun más la tarea de los líderes de generar coincidencias, sostener la responsabilidad y lograr objetivos. Mulally sabía esto mejor que nadie. Con una empresa extendida por todo el planeta, una línea de producción diversa y una fuerza de trabajo internacional, entender la empresa como un todo era realmente un desafío. Además de Ford, estaba Ford de Europa, Ford de Asia y un sinnúmero de divisiones y filiales, entre ellas, Volvo, Jaguar y Aston Martin. Y la coordinación, y cooperación entre —y dentro— de estas partes era escasa.

El primer paso para gestionar el cambio fue reunir a todas estas divisiones regionales tan dispares en una sola empresa internacional.

Mulally lo explica de esta manera en la revista *Forbes*: "Lo que entendí fue el poder del deseo imperioso de lograr un anhelo". La revista sigue: "La prioridad de Mulally era crear un norte al que toda la empresa apuntara. Debía ser un objetivo audaz, atractivo, conciso y realizable. Mulally sabía del poder de la simpleza y bautizó al objetivo con tres palabras: 'Una sola Ford'. Un solo norte con varias ramificaciones, como consolidar, unificar y simplificar las operaciones de Ford en el mundo. Esa frase —'Una sola Ford'— se incluía en las conversaciones, reuniones, entrevistas y mensajes de Mulally todos los días. Es más, la llevaba impresa en un tarjetón plastificado. Un analista automotriz dijo que lo que al ejército justamente le hacía falta era eso: el enfoque de Mulally de fijar un norte claro".

En una de sus primeras rondas de prensa, le preguntaron a Mulally si le interesaba la posibilidad de fusionarte con otros. "¡Claro!", exclamó con una sonrisa de oreja a oreja mientras los periodistas se apuraban a tomar notas. "Nos vamos a fusionar con nosotros mismos".

## Aceptar el cambio

Aceptar el cambio es un elemento fundamental de la filosofía de Dale Carnegie para triunfar. Como también lo son las habilidades interpersonales que se necesitan para desarrollar relaciones laborales de confianza y ambientes de trabajo psicológicamente seguros, que apoyen la innovación y faciliten la implementación de modificaciones.

La responsabilidad de los líderes es transmitir el objetivo deseado. Ten en cuenta que, si bien los líderes y los ejecutivos dentro de una organización pueden comprender la necesidad de un cambio, no tiene por qué ocurrir lo mismo con las personas a su cargo, sus compañeros o, incluso, otros jefes.

Es necesario que las personas se convenzan de que los cambios son valiosos y que vale la pena aceptarlos. Hacer una demostración concreta de cómo será la situación después de implementar los cambios y explicar de qué forma esos cambios permitirán que la organización desarrolle su propósito más plenamente puede resultar útil. El principio 20 de Dale Carnegie nos dice: "Demuestra tus ideas en forma concreta". Es decir, que te esfuerces en comunicar esa necesidad de cambio de tal manera que conecte con el propósito de la organización, sea atrayente para los empleados, exprese con claridad el objetivo del cambio y genere responsabilidad. No atosigues a los demás con datos ni palabras; crea algo vívido y concreto que puedan ver y sentir. Al hacer esto, estarás prestando atención al aspecto humano del cambio.

## El aspecto humano del cambio

Como ya mencionamos, ¡*Lidera!* es un libro orientado a la acción, que fue diseñado para que puedas aplicar lo que vas aprendiendo. Con ese fin, completa el cuestionario que proponemos a continuación; así evaluarás tu comprensión del aspecto humano del cambio. A cada punto responde "verdadero" o "falso".

1. La respuesta al cambio se debe, en parte, a cómo se gestiona ese cambio.
2. Si, en los últimos tiempos, hemos experimentado muchos cambios, es probable que reaccionemos más negativamente de lo habitual a uno nuevo.
3. Podemos ignorar los sentimientos que nos producen los cambios.
4. Cuanto mayor sea el cambio, más nos costará aceptarlo o apoyarlo.
5. Algunas personas siempre responden de manera positiva a los cambios.
6. Si el líder del cambio tiene en cuenta los sentimientos que nos genera ese cambio, es más probable que confiemos en esa persona.
7. Una de las razones principales por las que alguien se resiste a un cambio es que el objetivo no resulta claro.
8. Si alguien se involucra en todas las etapas del cambio, logrará aceptarlo y apoyarlo más rápidamente.
9. Un liderazgo eficaz del cambio equilibra los puntos principales de las personas, los procesos y las empresas.
10. Comunicar con claridad el estado actual de la situación y explicar las razones por las que es deficiente (lo que impulsa la necesidad de cambio) favorece el pasaje de la resistencia a la aceptación.
11. Un motivo frecuente de por qué un cambio fracasa es que no se dedica el esfuerzo suficiente al aspecto humano del cambio.
12. Si un cambio se planifica y gestiona bien, todo saldrá bien.

## Veamos las respuestas

1. La respuesta al cambio se debe, en parte, a cómo se gestiona ese cambio. VERDADERO. La forma en que el cambio se gestiona y se implementa influye en nuestra respuesta; y el impacto es más profundo que el cambio en sí.
2. Si, en los últimos tiempos, hemos experimentado muchos cambios, es probable que reaccionemos más negativamente de lo habitual a uno nuevo. VERDADERO. Cuantos más cambios experimentemos, más estresante será para nosotros, como seres humanos. Es probable, entonces, que nos rebelemos simplemente porque estamos extenuados de tanto cambio.
3. Podemos ignorar los sentimientos que nos producen los cambios. FALSO. Podemos manejar las reacciones, pero no las emociones. Las sentimos, aunque no las expresemos.
4. Cuanto mayor sea el cambio, más nos costará aceptarlo o apoyarlo. VERDADERO. En otras palabras, es más sencillo involucrarse si los cambios son pequeños.
5. Algunas personas siempre responden de manera positiva a los cambios. FALSO. Incluso las personas con una tendencia innata a aceptar los cambios o a tener una mirada positiva al respecto lidian con algunas partes del proceso.
6. Si el líder del cambio tiene en cuenta los sentimientos que nos genera ese cambio, es más probable que confiemos en esa persona. VERDADERO. Si alguien demuestra simpatía y empatía, es porque se preocupa por entender nuestro punto de vista, y eso genera confianza.
7. Una de las razones principales por las que alguien se resiste a un cambio es que el objetivo no resulta claro. VERDADERO. Es difícil que alguien acepte viajar a un destino si no sabe cuál es, cómo llegará hasta allí, por qué es importante y, principalmente, qué significa para él o para ella.

8. Si alguien se involucra en todas las etapas del cambio, logrará aceptarlo y apoyarlo más rápidamente. FALSO. Si se trata de un cambio complejo, si últimamente se produjeron muchos cambios, o si el cambio nos aleja de nuestra zona de confort, es probable que nos resistamos, aunque nuestra participación en ese cambio sea activa.
9. Un liderazgo eficaz del cambio equilibra los puntos principales de las personas, los procesos y las empresas. VERDADERO. Como líderes, no podemos tomar a estos tres ingredientes por separado. Debemos observarlos en conjunto para aumentar la posibilidad de éxito.
10. Comunicar con claridad el estado actual de la situación y explicar las razones por las que es deficiente (lo que impulsa la necesidad de cambio) favorece el pasaje de la resistencia a la aceptación. VERDADERO. Dale Carnegie dijo: "Genera anhelos en el otro" (principio 3) en relación al estado futuro de la situación, para que entiendan porque deben dejar lo actual atrás.
11. Un motivo frecuente de por qué un cambio fracasa es que no se dedica el esfuerzo suficiente al aspecto humano del cambio. VERDADERO. La mayoría de los esfuerzos para gestionar un cambio se centran en el cambio en sí, y no en el impacto que ese cambio puede tener en las personas. Por eso, las personas se resisten al cambio, y los esfuerzos son en vano.
12. Si un cambio se planifica y gestiona bien, todo saldrá bien. FALSO. Algunos cambios son, básicamente, una mala idea; otros son una buena idea pero se implementan en el momento equivocado; y otros se llevan a cabo por las razones incorrectas.

Si algunas de las repuestas te sorprendieron, continúa leyendo para saber más sobre el costado humano del cambio y cómo aplicarlo al liderazgo.

## Reacciones al cambio

Las personas reaccionan de distinta manera a la idea de un cambio. Algunas lo aceptan y encuentran el lado positivo de inmediato. Otras lo rechazan, sin importar cuán lógica sea la necesidad de ese cambio. La mayor parte del tiempo, las reacciones emocionales fluctúan de la pasividad a la actividad y se modifican con el tiempo y según las personas. Estas son algunas de las reacciones más comunes.

- **Conmoción:** Una especie de parálisis cerebral se produce ante la primera posibilidad de un cambio. Si estamos conmocionados, nos resulta difícil procesar o recordar información.
- **Negación:** Cuando la conmoción inicial se disipa, la reemplaza la incredulidad y la esperanza de que el cambio no ocurra.
- **Ira:** Cuando la incredulidad desaparece y la evidencia de que el cambio sí ocurrirá socava la negación, se instala la ira.
- **Negociación:** Cuando la ira pierde intensidad, los que deben someterse al cambio intentan negociar los términos; por ejemplo, su rol en ese cambio, la influencia que puede llegar a tener y el proceso que deberán atravesar.
- **Abatimiento:** El abatimiento se produce cuando, después de compartir sus inquietudes e intentar negociar, las personas se dan cuenta de que no se les concede todo lo que pidieron.
- **Resignación:** A medida de que la posibilidad de un cambio se vuelve más concreta, las personas se resignan y sueltan aquello a lo que se aferraban (el estado actual de la situación y las esperanzas de poder detener o modificar el cambio).
- **Exploración:** Después de resignarse, las personas comienzan a "explorar" las realidades de ese cambio y el estado futuro de la situación.
- **Aceptación:** Tras la exploración, las personas tienen una visión más clara del cambio, tienen expectativas, comienzan a aceptar el cambio y hasta siente ansias de que se produzca.

No todas las personas reaccionan a los cambios de la misma forma; distintas personas pueden reaccionar de distintas maneras a un mismo cambio. No obstante, todos atravesamos las etapas que acabamos de mencionar, a ritmos diferentes. Tal vez te detengas una fracción de segundo en algunas, pero te estanques dos semanas en otras fases.

Un ejemplo: imagina que tu jefe te dice que, a partir del mes próximo, te duplicará el salario. Es muy probable que se crea que irás, muy feliz, directo a la etapa de "Aceptación"; sin embargo, en un principio, te sentirás conmocionado y dudarás de que se trate de una broma cruel y pesada. También podrías sentir ira por no haber recibido ese aumento antes o podrías intentar una negociación para cobrarlo a fin del mes en curso. Quizá te abata pensar por qué tu jefe no ascendió tu salario al triple, pero es muy probable que te resignes a olvidar tu salario anterior, que comiences a pensar en qué podrías gastar esta fortuna y que esperes ansioso tu próximo cheque. No importa cuánto tardes en llegar a la aceptación, debes atravesar todas las etapas hasta llegar al final.

Piensa cómo te sentirías si, en cambio, descubrieras que reducirán tu salario a la mitad a partir del mes próximo. ¿Supones que te causará conmoción? ¿O la reacción será de negación, ira, negociación, abatimiento, resignación o exploración? ¿O, finalmente, de aceptación? Es probable que necesites más tiempo para aceptar este cambio. O que renuncies a la empresa para impedir que ese cambio ocurra. Esa es siempre una posibilidad.

Queda claro que identificar estas reacciones y gestionar el proceso de cambio es importante para que los líderes de cualquier nivel se aseguren de que el cambio sea tan posible como positivo. Sin embargo, los líderes más experimentados y su punto de vista sobre el cambio y el crecimiento pueden ejercer una influencia muy marcada en el éxito o en el fracaso de los cambios.

El instructor de Dale Carnegie Gaweed El Nakeeb lo explica de esta manera: "Cuando lideramos un equipo, es importante —esencialmente importante— que busquemos los puntos de desacuerdo más que los puntos en común. Cuando se trata de implementar cambios, los puntos de desacuerdo son los que marcan la diferencia, más allá de que apliquemos determinadas reglas o procedimientos (por ejemplo, la regla de la mayoría). El mecanismo a través del cual tomemos la decisión de cambiar no impedirá que alguien se sienta enojado o disgustado si se opone a ese cambio". En otras palabras, no pretendas que el toro no te embista solo porque eres vegetariano.

En el área de Capacitaciones de Dale Carnegie, brindamos un proceso de planificación que ayuda a los líderes a prevenir esta clase de problemas. Ya se trate de un cambio dentro de una empresa (una línea de hamburguesas incluye una opción vegetariana) o dentro de un equipo, el siguiente proceso de planificación de ocho pasos resulta eficaz para la prevención de problemas.

## Proceso de planificación

1. Consecuencia esperada
2. Estado actual de la situación
3. Metas
4. Pasos para la acción
5. Marcos de tiempo
6. Recursos
7. Obstáculos y contingencias
8. Seguimiento y medición

1. Al comenzar por la **consecuencia esperada**, el líder (o los líderes) puede transmitir con claridad cuál es su norte. Aquí es cuando entra en juego la narración efectiva. Si un líder crea una historia que lo involucre y que influya en las emociones, los demás visualizarán más eficazmente la consecuencia esperada.

Elizabeth Haberberger, presidenta de la filial de Dale Carnegie en St. Louis, comparte una historia sobre una líder emergente que descubrió ese poder.

"La directora de Recursos Humanos de una fábrica asistió a uno de los cursos de liderazgo de Dale Carnegie. Durante el curso, tanto ella como el resto de la clase, tuvieron que compartir un momento que los definiera como líderes. Antes de las presentaciones, todos tenían la oportunidad de acomodar sus pensamientos y practicar con un compañero. Justo antes de hablar se dio cuenta de que ese no era el momento que mejor la definía, que tenía que referirse a otro. En vez de comentar lo planeado, se puso de pie y dijo lo que sentía. ¡Toda la clase la escuchó cautivada y profundamente conmovida! Su presentación causó tanto impacto y fue tan inspiradora que ganó el premio al mejor desempeño, ¡a pesar de que no había practicado nada! ¿Cuál fue su reacción? 'Hasta esa presentación, jamás me había imaginado que podía emocionar a alguien. Ahora puedo aplicar esa habilidad en mi función como líder de Recursos Humanos'".

2. Luego, examina el **estado actual de la situación**. En el caso de Marty y la instructora en educación para la salud, él se tomó un tiempo para evaluar el panorama. En el caso de Burger King, antes del lanzamiento de la Whopper Vegetal (la hamburguesa vegetariana), sus ventas estaban muy por debajo de las de sus competidores, y la empresa advirtió, por medio de datos, que cada vez eran más las personas que reducían el consumo de carnes y buscaban alternativas atractivas.

3. Fijarse **metas** es el siguiente paso. Como ya mencionamos, las metas deben ser posibles de alcanzar, lo que a veces implica fragmentar las más ambiciosas en otras más factibles, las que, a su vez, podrán dele-

garse a expertos en esas materias. Si Marty hubiera decidido adelgazar veinte kilos o bajar treinta puntos de su nivel de colesterol, quizás el objetivo le habría parecido inalcanzable. Pero, al reducirlo a hacer ejercicio en la hora del almuerzo y jugar al ráquetbol una vez por semana, le resultó viable.

4. A las metas les siguen los **pasos para la acción**. Esto abarca a toda la organización, desde los líderes principales hasta los empleados más rasos. Todos deben saber con exactitud lo que tienen que hacer para alcanzar las metas. Marty, por ejemplo, sabía que debía comprometerse a hacer ejercicio durante el almuerzo, optar por alimentos más sanos (y no por comidas rápidas) y jugar al ráquetbol mientras sus hijos estaban en la práctica de fútbol.

5. Lo siguiente es determinar **marcos de tiempo**. Es decir, en cuánto tiempo deben completarse los pasos para la acción. Warren Cantel, por ejemplo, entendió que debía ser más específico acerca de las fechas de entrega, y no pretender que el otro se fijara plazos por sí mismo. Como líderes, debemos ser claros en lo que respecta a "X para Y"; es decir, qué debe hacerse y para cuándo.

6. ¿Los miembros del equipo cuentan con los **recursos** necesarios? Para alcanzar una meta, hacen falta recursos, desde fondos a suministros. En el caso de Burger King, debían asegurarse de que el problema de la provisión de sustitutos de la carne que habían enfrentado a comienzo de año estuviera resuelto antes de lanzar la hamburguesa vegetariana. ¿Podrían contar con los recursos necesarios? Si quieres que los miembros de tu equipo adapten un nuevo programa informático para la gestión de ventas, ¿sabes si tienen acceso a la internet cuando están fuera de la oficina? ¿O en sus teléfonos? ¿La tecnología con la que trabajan puede soportar el sistema nuevo? ¿Los empleados cuentan con apoyo y tienen la posibilidad de capacitarse? ¿El sistema

nuevo es compatible con otros sistemas? Antes de ejecutar un plan, calcula su costo total e incluye los gastos relacionados con personal, materiales y tiempo.

7. Si bien siempre surgen errores en la detección de **obstáculos y contingencias**, es importante que tengamos lo antes posible una idea de los problemas que pueden presentarse. En estos casos, un análisis FODA puede resultar útil. Al identificar las fortalezas y las debilidades internas de tu empresa, y también las amenazas y las oportunidades externas, podrás detectar los obstáculos con mayor facilidad y tomar medidas para superarlos. En el caso de Burger King, primero identificaron que se habían convertido en rivales accesibles para sus competidores; este era un obstáculo serio y debían superarlo si querían ofrecer un producto único y aumentar las ventas como tenían planeado. Identificar los obstáculos es importante, pero también lo es elaborar planes de contingencia para superarlos. Si, en ese plan, incluyes las medidas que tomarás en caso de que algo malo ocurra, será más factible que logres resolver el problema.

8. Finalmente, sea cual fuere la meta, debemos implementar un sistema de **seguimiento y medición**. En el caso de Marty, el éxito del plan se midió en términos del aumento en el nivel de energía que él mismo percibía, y se podría haber hecho un seguimiento contabilizando la cantidad de veces que hacía ejercicio o jugaba al ráquetbol. En el de Burger King, realizar seguimientos de aspectos como la asistencia a los locales, las ventas del producto nuevo, la reincidencia en las compras de los productos y los montos promedio de consumo les permitió determinar el éxito de la iniciativa e identificar las áreas de crecimiento.

La conclusión es que no podemos dejar los cambios librados al azar. Es importante que apliquemos el proceso de planificación. Tomarnos el tiempo para asegurarnos de que la ejecución del plan se desarrolle sin problemas es una sabia inversión. Como líderes, si no tenemos en cuenta a las personas ni a los procesos, no lograremos los niveles de cambio y de crecimiento que nuestra empresa necesita para alcanzar sus metas.

En el próximo capítulo, nos dedicaremos a otro logro del liderazgo eficaz: el compromiso y el dinamismo de las personas a tu cargo.

## CONCLUSIONES CLAVE

- Si nos quedamos en nuestra zona de confort, no creceremos como líderes.
- Para aceptar el cambio, las personas deben estar convencidas de que vale la pena hacerlo.
- Para eso, los líderes deben enfocarse tanto en el costado humano del cambio como en el logístico.
- Al enfrentar un cambio, las personas experimentan estas emociones, imposibles de evitar:
    Conmoción
    Negación
    Ira
    Negociación
    Abatimiento
    Resignación
    Exploración
    Aceptación
- El proceso de planificación de Dale Carnegie es:

    1. Consecuencia esperada
    2. Estado actual de la situación
    3. Metas

4. Pasos para la acción
5. Marcos de tiempo
6. Recursos
7. Obstáculos y contingencias
8. Seguimiento y medición

## 9

# Compromiso y dinamismo

—*Warren, qué bueno volver a verte.* —*Fran no podía creer el cambio en la apariencia de Warren Cantel. En serio, se veía diferente. No había duda de que la capacitación para el liderazgo que Fran le había brindado había rendido sus frutos. Su postura era más erguida y transmitía seguridad, algo que antes no ocurría.*
 —*Lo mismo digo, Fran. ¿Esa foto de tu familia es nueva?*
 —*Warren señaló un portarretratos en su escritorio, y Fran le contó que se habían tomado esa foto en una excursión a las montañas que habían hecho durante un fin de semana. Mientras ella hablaba, Warren tomó la silla en el lado opuesto a Fran y se sentó. En los pocos meses que había trabajado en la empresa, Warren había conseguido elevar la moral de su equipo.*
 —*Dime, Warren, ¿cómo anda todo?*
 —*Realmente muy bien, Fran. Como sabes, hace unas semanas resolví mis problemas con Carl, y él me entregó la descripción de las tareas en el plazo convenido. Las usamos para la campaña de reclutamiento y estamos entrevistando a algunos candidatos muy buenos. Leah y Carl se están haciendo cargo de esas entrevistas y ¡parecen muy entusiasmados!*
 —*Me sorprende ver cómo asumiste tu rol de liderazgo, Warren.*
 *Warren sonrió francamente ante el cumplido.*
 —*Bueno, el equipo es excelente. Aunque eso ya lo sabías.*

> *Claro que lo sabía. Pero lo que antes era un grupo fragmentado y desarticulado de personas se transformó en un equipo unido y con compromiso. Warren describió la relación entre los distintos integrantes, y Fran esbozó una sonrisa: había hecho bien en ascender a Warren. Lo único que necesitó fue capacitarse y aplicar los principios que ella había aprendido mucho tiempo atrás y le había transmitido.*

¿Cómo hicieron Warren y Fran para comprometer a las personas a su cargo? Estableciendo la cultura de que lo más importante son las personas, como afirmaba Alan Mulally.

## El compromiso de los empleados

El compromiso de los empleados se define como un sentimiento de involucramiento, pasión y energía que se traduce en:

- Niveles altos de esfuerzo
- Perseverancia, incluso en las tareas más difíciles
- Un ambiente de trabajo colaborativo
- Personas que se comprometen a trabajar para lograr resultados

Los empleados comprometidos se involucran en las decisiones que los afectan y están convencidos de que sus líderes se preocupan por su bienestar. La empresa se conduce de forma íntegra y honesta, y no hay dudas de que el éxito corporativo depende de cómo se desempeñen los líderes. Los empleados también cuentan con los recursos adecuados para hacer bien su tarea.

El compromiso de los empleados es relevante en cualquier nivel de liderazgo. En el área de Capacitaciones de Dale Carnegie, identificamos una secuencia de compromiso, que va desde "No comprometido" hasta "Comprometido", con pasos intermedios. Cuanto más comprometida esté la persona, más se exigirá en su trabajo, más feliz se sentirá y más tiempo permanecerá en la empresa. Si lo analizamos desde el punto de vista de los resultados, cuanto más comprometida esté, más eficaz resultará esa persona para ti.

Imagina que estás jugando a jalar de una cuerda. Tu equipo está contigo en uno de los extremos. En el otro, se encuentra una de las empresas con la que compites en el mercado. Los miembros de tu equipo que estén absolutamente comprometidos jalarán de la cuerda con cada gramo de fuerza en su cuerpo. Los que solo lo hagan para obedecer se limitarán a echarse hacia atrás para aportar su peso. Los indiferentes permanecerán de pie y, con suerte, tomarán la cuerda con sus manos. Y los no comprometidos ¡quizás empujen hacia el lado de los competidores! Si queremos ganar el juego, debemos saber a quiénes incluiremos en nuestro equipo (¡y a quiénes cederemos al equipo contrario!).

## Secuencia de compromiso

| No comprometido | Indiferente | Obediente | Comprometido |

⟵――――――――――――――――――――――⟶

## *Influencers* del compromiso

¿Qué aspectos influyen en el compromiso de las personas a nuestro cargo? Muchos de esos aspectos se relacionan con temas que analizamos en este libro.

El compromiso aumenta cuando el líder es un modelo de conducta, brinda a las personas a su cargo las herramientas que necesitan para hacer su tarea y asocia esa tarea a oportunidades de crecimiento personal, reconocimiento y recompensa. A continuación, los aspectos centrales que, según nuestra opinión, influyen en el compromiso:

- Relación con los superiores
- Metas y objetivos claros
- Líderes que se preocupan por cómo se sienten las personas a su cargo
- Empleados que se sienten empoderados

## Lo más importante son las personas

Si lo que se desea obtener es el compromiso de sus empleados, esta es la cultura que debiera desarrollarse dentro de una empresa. El enfoque de Alan Mulally es el siguiente:

*Todos conocen el plan + Todos conocen el estado del plan + Todos conocen las áreas que requieren atención especial = un crecimiento exitoso y/o redituable para todos.*

Los fundadores de Google, Larry Page y Sergey Brin, lo explican de la siguiente manera: "En parte, nuestra empresa tiene una misión social, mientras que las demás empresas no la tienen. Creo que por eso es que a las personas les gusta trabajar para nosotros y usar nuestros servicios. El objetivo de una empresa debiera ser que sus empleados ganen tanto dinero que no necesiten trabajar, pero que igualmente elijan hacerlo porque creen en el objetivo de la empresa. Creo en un mundo de abundancia, en el que la mayoría de nuestros empleados sean ricos y tengan la posibilidad de no trabajar, pero que elijan continuar, porque les gusta estar activos y porque creen en lo que hacen".

## Dinamismo corporativo

Para contar con un plantel de empleados comprometidos, es necesario que los líderes de las empresas preparen el terreno para el dinamismo corporativo. Ese dinamismo exige la apertura a nuevos conocimientos y nueva información, una actitud positiva hacia el cambio y confianza en que ese cambio puede lograrse.

Existen muchos factores que pueden impedir que una empresa sea dinámica: una burocracia que lentifica los procesos, políticas internas que prolongan la toma de decisiones, el ocultamiento de las raíces de los problemas y de los responsables de las soluciones, una falta de confianza que entorpece la comunicación, para nombrar solo algunos. No es fácil superar estas barreras, pero tampoco imposible.

A menos que nos ubiquemos en la parte más cercana a la cima, carecemos de control y de influencia en lo que ocurre en toda la organización. Pero si desarrollamos una cultura que fomente la comunicación abierta dentro de nuestro equipo y que empodere a las personas para sugerir formas novedosas de hacer las cosas, estaremos promoviendo el dinamismo.

Los líderes de cualquier nivel necesitan recabar información y actuar en consecuencia, tomar decisiones con premura e implementar cambios para satisfacer las exigencias siempre cambiantes de los clientes y del mercado. No importa qué puesto ocupemos, la habilidad para adaptarnos y cambiar colabora para que nuestra organización sea más dinámica.

## Las relaciones interpersonales son la base del dinamismo

Las bases para el dinamismo están en el centro del enfoque que Dale Carnegie comenzó a difundir hace décadas con respecto a las relaciones y a las habilidades interpersonales.

**Ser dinámico implica recabar información nueva y aceptar el cambio continuo con una mirada colaborativa.**

Los procesos y las herramientas, así como también los datos precisos que ofrece la tecnología actual, son esenciales. Las empresas deben tomar la iniciativa y formular las preguntas correctas, recabar, compartir y analizar la información —el impulso para el cambio— y luego tomar decisiones y actuar en consecuencia. El proceso para la innovación que compartimos en el capítulo 7 nos ayuda a que todo sea más eficaz y eficiente.

Sin embargo, la cantidad de datos no mejorará el dinamismo si no existe el deseo de escuchar verdaderamente lo que esos datos tienen para decir. Y aquellos que carecen de confianza tampoco tienen valor para escuchar de verdad. Por eso, *hace falta más que personas inteligentes y buena información para ser dinámico*. Para crear bases sólidas que sustenten el dinamismo, hacen falta buenos procesos y buenas herramientas, y, además, la combinación correcta de la capacidad para recuperarse de una caída (resiliencia), para comprender a los demás y trabajar con ellos (inteligencia social) y para actuar, todo alineado con un claro propósito corporativo.

Un líder dinámico no pretende trabajar en un ambiente en el que el camino esté tallado en piedra; sabe que cualquier información nueva puede exigir ajustes inesperados. Un objetivo enfocado en el cliente es la brújula que orienta a los empleados, más allá de las vueltas repentinas del camino. Un objetivo enfocado en la generación de valor para el cliente es un norte para todos y fomenta el dinamismo de muchas maneras.

En primer lugar, es la razón que motiva el cambio, porque cumple más acabadamente con el objetivo *al satisfacer las necesidades de los clientes con mayor eficiencia y eficacia*. Esto, a su vez, empodera a los empleados comprometidos, quienes sugieren cambios para aumentar la capacidad de reacción en la generación de valor para los clientes. El objetivo también conecta a estos empleados con los clientes, quienes representan, cada vez más, una fuente de capital intelectual para la cogeneración de valor.

Por ejemplo, durante la Gran Recesión a fines del 2000, cuando las ventas disminuían, Hyundai se dio cuenta de que las personas no compraban autos porque tenían miedo de quedarse sin trabajo. Entonces, creó el programa Assurance de protección por desempleo, lo que le permitió aumentar significativamente su cuota de mercado y extenderse como marca por Estados Unidos. El programa autorizaba a los compradores de autos cero kilómetro a devolver el vehículo si se quedaban sin trabajo, lo que contribuyó a disipar el temor de los compradores durante la crisis económica. Años más tarde, Hyundai adaptó este programa a los reveses económicos vinculados con la pandemia por COVID-19 en 2020.

En segundo lugar, tener una meta compartida (un objetivo enfocado en el cliente) *ayuda a acabar con los ocultamientos y a que las personas atraviesen el conflicto*. Cuando surgen desacuerdos acerca de tácticas y estrategias, el compromiso compartido de lograr el objetivo puede ayudar a que las personas no interrumpan el diálogo y trabajen juntas para buscar una solución. Cuando otras prioridades amenazan con complicar el proceso de toma de decisiones, los objetivos enfocados en el cliente ofrecen un modo confiable de evaluar la importancia relativa de cada medida, establecer formas de compensación y brindar explicaciones sólidas.

Un ejemplo: en una empresa de cosméticos, se desarrolló un perfil de la clienta típica sobre la base de las personas que compraban regularmente sus productos. Se la llamó "Kate". Elaboraron una descripción pormenorizada de su vida, sus actitudes y sus necesidades, y la compartieron con toda la empresa. Colocaron imágenes de esta persona ficticia en las salas de reuniones; entonces, cuando surgía una discusión, se preguntaban "¿Qué querría Kate?". Esto ayudó a que los equipos buscaran soluciones que tuvieran en cuenta, principalmente, las necesidades de los clientes.

Por último, tener un objetivo enfocado en el cliente al que los empleados puedan atribuir sus logros *contribuye a que todas las personas reconozcan el valor de lo que hacen*. Este trabajo con vista a los objetivos aumenta el compromiso; y los empleados comprometidos hacen que las empresas sean más dinámicas. Cuando el norte es claro, las personas empoderadas propondrán por sí solas formas nuevas y perfeccionadas de llegar allí lo más rápido posible.

Li, líder de un equipo de desarrollo de productos, tenía como objetivo mejorar las vidas de sus clientes, para que ellos, a su vez, promovieran un cambio en sus empresas y en el mundo; y pensó que podía entusiasmar a su equipo si compartía esa idea con ellos. Sin embargo, durante la conversación, Li se dio cuenta de que esto no era necesariamente lo más importante para cada uno de los integrantes del equipo. Sus objetivos incluían crear un producto atractivo, obtener reconocimiento, alcanzar logros, marcar una diferencia, trabajar con un buen equipo, entre muchos otros. Li organizó una serie de encuentros individuales para conocer el objetivo de cada uno y armó una lista con los miembros del equipo y sus motivaciones. Li repasaba la lista antes de hablar con ellos para ayudarlos a analizar su trabajo a través de la óptica de su objetivo, y no el de Li. Esto ayudó a alimentar el fuego del compromiso en cada miembro del equipo.

## Los empleados comprometidos son dinámicos

Los líderes dinámicos tienen la capacidad de cambiar como respuesta a las exigencias siempre fluctuantes de los clientes y del mercado.

Y lo hacen rápido, sin ofrecer resistencia ni causar rispideces entre las personas a su cargo.

La información nueva impulsa el cambio, pero las investigaciones de Dale Carnegie demuestran que solamente el treinta por ciento de las personas cree que la empresa en la que trabajan posee la capacidad de actuar en respuesta a un cambio. Imaginen la cantidad de oportunidades que pierden el setenta por ciento de las empresas restantes. Dale Carnegie aconsejaba: "Que tu mente esté siempre abierta al cambio. La única forma de progresar es examinando y reexaminando nuestras ideas y nuestras opiniones". Esta es la clave del dinamismo para cualquier individuo, y para todos los individuos que conforman una organización.

Para mejorar la capacidad de acción de una empresa, se debe estimular la colaboración y la inteligencia creativa que lleva a la innovación, y también liderar eficazmente el cambio continuo. Si carecemos de la capacidad de trabajar en equipo para explorar y desarrollar soluciones nuevas, quedaremos limitados a lo que podamos hacer solos. El objetivo es alentar una "fricción creativa y productiva", en la que las distintas ideas individuales se froten unas contra otras y generen chispas de soluciones innovadoras. Este es el valor del mecanismo de pensamiento que vimos en la Parte I.

Ser dinámico implica tener una actitud abierta a la información y los saberes nuevos, una actitud positiva hacia el cambio y confianza en que todo será para mejor. Un cambio prospera cuando se produce en un ambiente de confianza y de seguridad psicológica, en el que las personas se sientan empoderadas, comprometidas y conectadas con un objetivo enfocado en el cliente; los cambios, a su vez, exigen un conjunto eficaz de procesos, herramientas, inteligencia social y creativa, y un liderazgo competente.

Los líderes dinámicos dan libertad a las personas para que experimenten, adapten e innoven. Dado que el ritmo de cambio se ha venido acelerando y tomando impulso, estas necesidades cobraron relevancia; pero, a decir verdad, siempre formaron parte de las cualidades que ubican a las personas y a las empresas en primer lugar. No cabe duda de que la libertad es mayor en las empresas que recién se inician; por eso son más dinámicas. Y esa también es la razón por la que las empresas consolidadas, con procesos, burocracia y estructuras, tienden a ser más lentas y rígidas. No obstante, no permitas que eso te disuada de tu esfuerzo por ser dinámico o por insuflar dinamismo en tu equipo. Identifica cuáles son los límites de tu trabajo y, luego, cuáles puedes traspasar para generar innovación y para lograr que las personas a tu cargo se comprometan.

En este capítulo, hablamos sobre de qué manera la creación de una fuerza laboral comprometida aumenta el dinamismo corporativo. En el próximo, debatiremos cómo planificar una dirección en común.

## CONCLUSIONES CLAVE

- El compromiso de los empleados se define como un sentimiento de involucramiento, pasión y energía que se traduce en niveles altos de esfuerzo, perseverancia, incluso en las tareas más difíciles, un ambiente de trabajo colaborativo y personas que se comprometen a trabajar para lograr resultados.
- Las categorías de la secuencia de compromiso son: No comprometido, Indiferente, Obediente y Comprometido.
- Los aspectos que influyen en el compromiso son: la relación con los superiores, las metas y los objetivos claros, los líderes que se preocupan por cómo se sienten las personas a su cargo y los empleados que se sienten empoderados.
- Los empleados comprometidos son dinámicos. Para crear bases sólidas que sustenten el dinamismo, hacen falta buenos procesos y buenas herramientas, y, además, la combinación correcta de re-

siliencia, inteligencia social y capacidad para actuar, todo alineado con un claro propósito corporativo.
- Una cultura en la que lo más importante sean las personas implica que "todos conocen el plan + todos conocen el estado del plan + todos conocen las áreas que requieren atención especial", lo que conduce a "un crecimiento exitoso y/o redituable para todos".
- Cuando, dentro de tu equipo, fomentas una cultura que estimula la comunicación abierta y empodera a las personas para que sugieran formas novedosas de hacer las cosas, estás promoviendo el dinamismo, lo que resulta en innovación.

# 10

# Innovación y dirección en común

Hace semanas que Robin y Barry observan la construcción. Una nueva franquicia del local de hamburguesas y papas fritas Five Guys está a punto de abrir cerca de donde viven, y no ven la hora de ir a comer allí. Five Guys, catalogado como uno de los mejores lugares para comer hamburguesas, ha recibido críticas porque compite fuertemente con In-n-Out. Es más, se propone ser la franquicia con mayor nivel de ventas en la región. Como Robin y Barry son fanáticos de In-n-Out, esperan, ansiosos, la fecha de apertura de Five Guys.

Finalmente, llega el gran día. Robin y Barry entran al local y notan la decoración con cuadros rojos y blancos. Por todos lados, hay carteles con testimonios de clientes de Five Guys en otras ciudades. La cocina está a la vista, y Robin y Barry pueden observar a los empleados completando los pedidos. El menú es sencillo: hamburguesas, papas fritas y salchichas. Pero, como ofrecen el agregado, sin costo, de queso, panceta, verduras y cebollas asadas, salsas y aderezo con cajún para las papas fritas, Five Guys se jacta de sus doscientas cincuenta mil maneras de preparar una hamburguesa. Tienen, incluso, opciones vegetarianas, con queso o verduras asadas. Y maníes con cáscara, también sin costo, para que los clientes picoteen mientras esperan los pedidos.

## La historia de Five Guys

El primer local de Five Guys abrió en Virginia en 1986. El pionero fue Jerry Murrell. Cuando estaban por terminar la escuela secundaria, sus dos hijos mayores le informaron que no tenían interés en seguir estudiando. Jerry no se opuso, con una condición: invertiría el dinero que había ahorrado para la universidad en un negocio familiar. El nombre se debe a Jerry y a sus (hasta ese entonces) cuatro hijos varones: Jim, Matt, Chad y Ben. Cuando tuvo un quinto hijo, Tyler, él pasó a ser el quinto muchacho.*

Cada hijo cumple una función distinta en la empresa. Jim es el administrador general, Matt es el responsable de la apertura de locales nuevos, Chad capacita a los distintos encargados, Ben maneja los sistemas informáticos y Tyler se ocupa de los proveedores. Al principio, Jerry mantuvo su trabajo "de día" mientras los hijos se hacían cargo de la hamburguesería. Cuando el negocio despegó, renunció y se unió a sus hijos. Ahora, los seis desempeñan funciones acordes a sus intereses y sus cualidades, y por eso son líderes exitosos.

Five Guys lidera lo que se conoce como la franja de "las mejores hamburguesas" (hamburguesas que rondan un valor de 8 dólares) en restaurantes de comida rápida, un segmento que factura 2.200 millones de dólares y que creció dieciséis por ciento en 2013. (En ese momento, Five Guys representaba casi la mitad del segmento).

En Estados Unidos, el negocio de las hamburguesas en general es una industria de 40.000 millones de dólares, dominada por McDonald's, Burger King y Wendy's. En este caso, el crecimiento fue más lento (3,2% en el último año). Los dos primeros, sin embargo, no tienen de qué preocuparse, ya que no compiten por los mismos clientes que Five Guys. Las personas que van a un local de comida

---

* En español, "Five Guys" significa "cinco muchachos".

rápida buscan precio y rapidez en la atención, no calidad. En otras palabras, nadie pretende ingredientes de primera calidad en esta clase de restaurantes. Lo que se busca es una comida rápida y económica.

Al ofrecer hamburguesas más caras y de mejor calidad y definirse como "restaurante de comida rápida más elaborada", Five Guys elige otro terreno de juego, uno que se incline en favor de sus cualidades e intereses. Esa distinción es importante para un líder. La forma en que lideras depende del área en la que estés jugando. Antes dijimos que los líderes ofensivos de un equipo de fútbol no pueden desarrollar las mismas cualidades que los que están en la defensa, y que Phil Jackson no podía dirigir a Kobe Bryant como lo hacía con Shaquille O'Neal; del mismo modo, los líderes de las distintas franquicias de Five Guys no pueden adoptar todos una forma idéntica de liderazgo. Deben ser auténticos con ellos mismos y con las personas y las comunidades donde ejercen su liderazgo. Es muy probable que un local de Five Guys en una zona adinerada de California no contrate a la misma clase de empleados que otro en un ambiente más urbano. Si bien es factible que el manejo de los empleados (en relación con los procesos laborales) responda a estándares corporativos, la forma de dirigir el restaurante depende del contexto. ¿Cómo puede un líder transmitir energía, compromiso y conectar con las personas a su cargo? La respuesta va a variar de acuerdo con la conformación del plantel y la situación. Sin embargo, aunque a veces sea necesario liderar a las personas de distintas maneras, hay algo que mantiene al equipo unido: tener una dirección en común.

### Planificar una dirección en común

Stephanie recibió una llamada telefónica desesperada de su hijo, Robert. Su esposo, Paul, estaba en el hospital porque se había quebrado el tobillo. Robert le pidió que fuera de inmediato al hospital más cercano al gimnasio y que llevara los datos de la póliza. Además, quería estar seguro de que cualquier decisión relacionada con una posible cirugía no estuviera influenciada por el dolor de Paul ni por los calmantes que estaba tomando. Melanie conocía el gimnasio en el que Paul y Robert estaban haciendo ejercicio cuando el accidente ocurrió, así que condujo hasta el hospital ubicado a medio camino entre su casa y el gimnasio. Ingresó al hospital y le preguntó a Robert dónde estaban. Robert le dijo que la acompañaría hasta la guardia cuando llegara a la puerta de entrada. Stephanie le dijo que ya estaba en la puerta de entrada, pero él no lograba verla. Lo que había ocurrido era que la ambulancia había trasladado a Paul a otro hospital, y no al que estaba más cerca del gimnasio; pero Stephanie no estaba al tanto. Una vez resuelto el error, Stephanie volvió a subirse al auto y se dirigió al otro hospital.

Lamentablemente, esta clase de error es frecuente en los equipos. Trabajan en un mismo proyecto, pero toman caminos distintos, lo que provoca confusiones, enojos, demoras y revisiones constantes. Esto ocurre porque todos se desplazan en una dirección... pero no en la misma.

Los líderes eficaces logran que todos comprendan cuál es esa dirección que deben seguir. Para eso, deben determinarla (idealmente, junto con el equipo) y luego asegurarse de que todos estén de acuerdo y se comprometan a seguirla. Parece algo sencillo, pero es un proceso que suele dejarse de lado en el apuro por completar las tareas. Dos elementos esenciales para que la totalidad del plantel acepte y se comprometa con una dirección en común son redactar la declaración del propósito del equipo y elaborar un plan estratégico.

*Declaración del propósito del equipo:* Es la razón por la que el equipo existe, lo que lo motiva y guía su accionar y sus decisiones. Es la explicación de por qué alguien trabaja en ese equipo o en ese proyecto.

Una declaración de propósito debería...

1. Ser breve
2. Ser fácil de recordar
3. Ser única (y no algo genérico)
4. Tener impacto emocional (provocar una reflexión sobre los valores del equipo o de la organización)

Para redactar una declaración con tu equipo, habilita el pensamiento con luz verde. ¿Cuáles son las razones por las que ese equipo existe? Ahonda en el tema para profundizar más allá del obvio "para crear un nuevo producto". Piensen por qué ese producto es importante, qué le aporta al cliente, a la empresa, al mundo. Cada vez que alguien aporte un propósito, pregunta por qué es importante. Una vez que hayas hecho esta pregunta bastantes veces, llegarás a una respuesta del estilo "¡Porque sirve para crear un mundo maravilloso!". Esa es una indicación bastante clara de que has profundizado lo suficiente. Luego, inicia el proceso de pensamiento con luz roja y selecciona los propósitos que entusiasmen a tu equipo. El cuarto criterio, "tener impacto emocional", puede marcar la diferencia entre proyectos o equipos comunes y corrientes y otros que despierten interés y entusiasmo. El propósito de Steve Jobs, el fundador de Apple, no era inventar computadoras ni teléfonos, sino, como él mismo dijo, "dejar su huella en el universo". Si bien era un líder imperfecto, su capacidad para contagiar su propósito a empleados y clientes cambió la manera en que vivimos e interactuamos con los demás.

*Resultados del plan estratégico:* Los empleados que comprenden la conexión entre los propósitos, las metas y los resultados de la empresa tienen mayores posibilidades de tomar las decisiones adecuadas sin que se les indique constantemente qué deben hacer, porque saben el efecto que su accionar puede ejercer en los resultados.

En la mayoría de los negocios y las oficinas, verás la misión o los objetivos de la empresa escritos en alguna parte. En muchos casos, estas leyendas cubiertas de polvo fueron creadas por líderes comprometidos que intentaban hacer lo correcto. Lamentablemente, lo que suele suceder es que, una vez que esa misión o esos objetivos se definen, se comunican con bombos y platillos, se graban en una placa de bronce, se cuelgan en la pared del vestíbulo de entrada y se olvidan tan pronto los empleados vuelven a trabajar.

Si bien se han escrito bibliotecas enteras sobre planificación estratégica, y hay quienes pueden debatir la diferencia entre un objetivo y una misión durante horas, no vamos a detenernos en ese punto ahora. Lo relevante es que las respuestas a las preguntas de "para qué existimos" (misión) y "hacia dónde vamos" (objetivos) son importantes, pero no bastan para garantizar que tu equipo sepa hacia dónde se dirige. Quizá sepas de planificación estratégica, o tu empresa cuente con un proceso de planificación estratégica; ponlo en práctica, siempre y cuando incluya los elementos necesarios.

Asegúrate de que tu plan estratégico incorpore aspectos como los que se describen a continuación, con el fin de que las metas se alineen y de que tu equipo se entere de qué forma los evaluarán. Es importante que el propósito del plan estratégico esté en sintonía con los valores y la misión de la empresa. Una vez logrado eso, puedes avanzar en el proceso de fijar metas para tu equipo y obtener los resultados deseados, estableciendo parámetros claros para los empleados. Ahí es cuando la magia ocurre. Cuando las actividades y los parámetros se rigen por las ideas de "¿por qué?" y "¿hacia dónde vamos?", podemos estar seguros de que el equipo está alineado y avanza en una misma dirección. Al hacer un seguimiento, el líder puede cerciorarse de que las actividades se desarrollen de acuerdo con esos parámetros y que el equipo haga lo correcto en la forma correcta.

## Un ejemplo

Una gran fábrica de ropa creó una estrategia para la innovación y la compartió con el plantel. El plan se resumía en cuatro palabras: "No se queden adentro". No les sugerían que salieran a dar un paseo; la propuesta era que buscaran ideas nuevas por fuera de sus experiencias habituales. "No se queden adentro" significaba que hablaran con otras personas, prestaran atención a otras industrias, observaran lo que otras empresas y otros consumidores hacían. En síntesis, se les pedía que dejaran sus cubículos o salas de conferencia, apartaran los ojos de las computadoras, líneas de montaje o máquinas de coser, e investigaran otras maneras de hacer las cosas o de crear productos. Estas cuatro palabras se aplicaban a todos en la empresa, desde el director ejecutivo hasta los costureros. Teniendo en cuenta estas cuatro palabras y los valores de la empresa, se le pidió a cada uno de los líderes que pensara en una estrategia —para su división, departamento o equipo— que expresara la forma en que no se quedarían adentro. Con esa estrategia, los equipos organizarían actividades (por ejemplo, "hablar con los consumidores") y establecerían parámetros para esas actividades (por ejemplo, "todas las semanas, preguntar a dos consumidores qué les gusta y qué no de la ropa que compraron").

La dirección que todos tengan en común no tiene por qué ser compleja. Lo ideal sería que fuera fácil de entender y que comprometiera con el trabajo desde lo emocional, para que el plan signifique algo más que una lista de tareas molestas y obligatorias. Y que hiciera que el hecho de ir en una misma dirección entusiasme a todos.

## La innovación impulsa el cambio

El aspecto final en que el liderazgo eficaz se demuestra a nivel corporativo es la innovación. En el ciclo de innovación y cambio, el cambio impulsa la necesidad de innovación, y esa innovación da pie a más cambios.

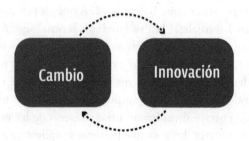

Para comprender de qué manera la innovación impulsa el cambio, analicemos el enfoque de Kurt Lewin para modificar el gerenciamiento, llamado "análisis de los campos de fuerza". Ese modelo examina dos clases de fuerzas: las que promueven el cambio y las que se resisten al cambio. Las fuerzas que promueven el cambio se llaman *fuerzas impulsoras* y las que pretenden mantener el *statu quo* son las *fuerzas restrictivas* o *fuerzas de resistencia*. De acuerdo con este modelo, para que se produzca cualquier cambio, las fuerzas impulsoras deben superar las restrictivas y romper el equilibrio.

¿Cómo se relaciona esto con nuestro liderazgo? Cuando un líder fomenta la cultura de innovación y se resiste a la tentación de decir "pero siempre se hizo así", el equipo busca maneras de mejorar y piensa soluciones nuevas y más eficientes.

---

**Si empoderas a las personas a tu cargo para que prueben enfoques diferentes, es probable que surjan soluciones nuevas; eso es lo que conduce al crecimiento.**

---

## Innovación disruptiva para líderes emergentes

No es necesario ser un experto para desarrollar una tecnología que altere el *statu quo*. En 2006, Ben Pate era instructor en un gimnasio de artes marciales y tenía muchas dificultades para gestionar los horarios de sus alumnos. Fanático de la programación y con un título en Ciencias Informáticas, Ben creó una plataforma para que la organización del gimnasio fuera más eficiente. Poco tiempo después, otros gimnasios le solicitaron que compartiera con ellos la plataforma; así, Pate y su esposa terminaron fundando la empresa Zen Planner, cuyos programas se utilizan hoy en miles de gimnasios y *boxes* de *crossfit* en todo Estados Unidos.

A pesar de lo que repiten los medios, no hace falta alterar toda una industria para considerarse innovador. Lo único que debes hacer es concentrarte en entablar relaciones con tus clientes principales y en empoderar a tu equipo para que halle formas innovadoras de ofrecer mejores servicios a esos clientes.

---

**No todas las innovaciones son disruptivas. El mundo necesita tanto de cambios disruptivos como de cambios sutiles.**

---

## ¿Eres disruptivo o sutil?

La verdad es que no hay una sola reacción al cambio. No todos preferimos lo mismo. Completa el siguiente cuestionario para determinar tu actitud con respecto al cambio.

En cada línea, marca el enunciado que, según tu opinión, mejor describe tu postura. Sé sincero para que la evaluación sea lo más precisa posible. Luego, suma la cantidad de marcas en cada columna y escribe el total en la última línea.

| | | |
|---|---|---|
| 1 | Prefiero el cambio al *statu quo*. | Prefiero los cambios graduales. |
| 2 | Me gusta correr riesgos. | Me rijo por las reglas. |
| 3 | Prefiero soluciones que rompen con las reglas. | Prefiero soluciones que ya fueron probadas. |
| 4 | Me gusta la espontaneidad. | Me gusta lo predecible. |
| 5 | En el trabajo, soy espontáneo y no sigo un orden. | En el trabajo, soy preciso y metódico. |
| 6 | Me siento cómodo interpelando el estado de situación actual. | Me siento cómodo con las tradiciones. |
| 7 | Busco poner a prueba las estructuras, las reglas y las normas. | Busco la estabilidad. |
| 8 | Apoyo la individualidad. | Apoyo la colaboración. |
| 9 | Pretendo cambios profundos. | Pretendo estructuras. |
| | Total: | Total: |

La actitud con respecto al cambio se expresa más claramente a través de una secuencia, en la cual se insertan cambios y personas.

**Disruptivos**            **Sutiles**

En la evaluación anterior, si acumulas más marcas en la columna de la izquierda, eso implica que estás más cerca de los disruptivos. De lo contrario, tiendes a ser más sutil. Si la cantidad de marcas es pareja, te ubicas en el medio de la secuencia.

La mayoría de las personas se ubican entre los extremos, pero se acercan más a uno de los dos. El lugar donde tú y las personas con las que trabajas se ubiquen en esa secuencia puede influir en su trabajo como equipo.

Las personas que se inclinan hacia el extremo de los "disruptivos" son capaces de visualizar el panorama completo, sirven como defensores de los cambios necesarios, tienen ideas creativas, son visionarios y logran reorganizar y reelaborar sistemas.

Las personas que se inclinan hacia el extremo de los "sutiles" promueven el análisis, sirven como repositorio de lo que se hizo históricamente, ayudan a desacelerar el proceso de cambio para poder tomar decisiones más efectivas, buscan la cooperación de los demás y tienden a ser más prácticos.

Tomar conciencia de que nosotros no tenemos la razón y de que el otro tampoco se equivocó es importante, aun cuando pensemos que sí se equivocó. No importa lo que digan: una innovación no se produce únicamente por la acción de los disruptivos ni tampoco por la de los sutiles. Analiza cualquier innovación exitosa y verás que existió una combinación de los dos. El horno de microondas fue una idea disruptiva cuando se inventó, y los primeros tenían el tamaño de una heladera. Las mejoras constantes lo convirtieron en el electrodoméstico seguro, pequeño, relativamente económico y útil que, hoy en día, se emplea para calentar los alimentos en casi todas las casas. No hay duda de que Airbnb alteró el negocio de los alojamientos temporarios. Pero la empresa no sería tan exitosa si no se hubieran efectuado cientos y cientos de mejoras en su forma de operar —en la aplicación, el modelo de negocios, las normas de administración, la expansión en un número mayor de ciudades, el *marketing*, la ampliación de servicios, entre otras— que hacen que, en la actualidad, el servicio sea fácil de usar y absolutamente popular.

Más allá de en qué lugar de la secuencia te ubiques, la función que cumplas será importante para lograr la innovación. Esto aplica a todas las personas dentro del equipo. El desafío como líder es hallar el equilibrio entre la sutileza y la disrupción con el fin de alcanzar los propósitos y las metas de innovación del equipo.

## La innovación nunca se completa

Un concepto importante es que la innovación nunca termina. Para mantenernos actualizados y seguir siendo relevantes, la innovación debe ser constante. Esto no significa cambiar porque sí. Todo lo contrario: debemos aplicar sistemas con el objetivo de instalar la cultura de la innovación, y no solamente en lo concerniente a lo organizativo. La innovación debe producirse en toda la empresa. No hace falta ser jefe del área de innovación para llevar adelante intentos que produzcan cambios.

Jonathan Vehar cuenta la historia de tres empleados administrativos que trabajan en un departamento con una cultura tan negativa que no veían la hora de que los transfirieran. Pero no tenían esa suerte... estaban estancados allí. Entonces, decidieron modificar la situación. Evaluaron la situación aplicando el proceso para la innovación, identificaron el problema, propusieron soluciones y, finalmente, implementaron un plan bastante sencillo. Los tres solían conversar con sus compañeros de escritorio a escritorio; era algo natural, ya que no había ninguna división entre los puestos de trabajo. Inevitablemente, estas conversaciones derivaban en quejas sobre el grupo, las tareas, el líder, la cultura, etcétera. Decidieron entonces, que, en algún momento de la conversación, deslizarían lo más sutilmente posible la pregunta "¿Qué piensas hacer al respecto?". No era un reclamo airado, sino una sugerencia amable. Esta pregunta tan sencilla terminó con la letanía de las quejas y habilitó a las personas a crear un modo diferente de trabajar, de ser y de liderar. De hecho, estos tres empleados administrativos sirvieron como modelo de los comportamientos que ellos mismos deseaban que todo el departamento adoptara. Y lo lograron. Con el tiempo, la cultura mejoró, la moral se elevó y los pedidos de reubicación se redujeron. Fíjate que no se necesitó la intervención de ninguna autoridad relacionada con la cultura, la innovación, los talentos ni tampoco del director ejecutivo. Ningún superior intervino en el cambio. Solo fueron tres personas decididas a asumir la responsabilidad de conducir a otros hacia una manera distinta de trabajar.

## El proceso para la innovación de Dale Carnegie

A esta altura, los pasos del proceso para la innovación de Dale Carnegie debieran resultarte familiares. Son los mismos pasos de los procesos para el cambio personal y corporativo. Después de todo, ¿qué es la innovación sino el hallazgo de una solución nueva para un problema acuciante? Liderar la innovación es liderar a las personas para que adopten y transiten el cambio.

Recordemos los pasos:

1. Visualizar: imaginar cómo sería el futuro ideal.
2. Definir el estado de la cuestión: recabar información para determinar la verdadera situación actual.
3. Detectar el problema: identificar y priorizar problemas u oportunidades.
4. Definir la idea: dar luz verde a las ideas (generar propuestas).
5. Hallar una solución: encender la luz roja para elegir la mejor solución o el mejor enfoque.
6. Lograr aceptación: obtener la aprobación y el apoyo de los demás.
7. Implementar las ideas: poner las soluciones en acción (ejecutar).
8. Hacer un seguimiento: monitorear la implementación.
9. Evaluar: identificar y medir los resultados finales.

Para implementar este proceso, debes establecer una conexión con tus clientes principales y guiarlos a través de los primeros pasos. Averigua qué es lo que idealmente desean obtener de la empresa. Define el estado de la cuestión. Detecta cuáles son los problemas y las oportunidades. Sugiere todas las ideas que se te ocurran. Ponlas en práctica y observa cómo funcionan. Este proceso da resultado, tanto con accionistas como con consumidores. Y es eficaz, ya sea que ocupes el cargo de jefe de innovación, gerente de departamento o seas un empleado administrativo en un ambiente con una cultura desagradable de trabajo.

En este capítulo, ofrecemos enfoques para mostrar de qué manera los líderes efectivos fijan una dirección en común, que promueva la búsqueda de soluciones innovadoras para los problemas.

---

### CONCLUSIONES CLAVE

---

- Hoy en día, la capacidad de desarrollar proyectos, grandes o pequeños, sencillos o complejos es esencial en los ambientes laborales.
- Dos elementos fundamentales para que la totalidad del plantel acepte y se comprometa con una dirección en común son la declaración del propósito del equipo y los logros del plan estratégico.
- Una declaración de propósitos debería ser breve, fácil de recordar, única y tener impacto emocional.
- Un gerenciamiento exitoso de proyectos incluye los siguientes pasos: visualizar lo ideal y definir el estado de la cuestión, las metas, los pasos para la acción, los costos, los tiempos, la implementación, el seguimiento y la evaluación.
- Un concepto importante es que la innovación nunca termina. Para mantenernos actualizados y seguir siendo relevantes, la innovación debe ser constante.
- En el ciclo de innovación y cambio, el cambio impulsa la necesidad de innovación, y esa innovación da pie a más cambios.

- No hay una sola respuesta correcta al cambio.
- Liderar la innovación es liderar a las personas para que adopten y transiten el cambio.
- No hace falta alterar toda una industria para considerarse innovador. Lo único que debes hacer es concentrarte en entablar relaciones con tus clientes principales y en empoderar a tu equipo para que halle formas innovadoras de ofrecer mejores servicios a esos clientes.

# CONCLUSIÓN

## *Tus* logros de desempeño deseados

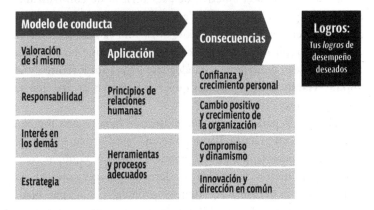

Una vez más, repasemos el Modelo para un liderazgo exitoso de Dale Carnegie. Cuánto avanzamos, ¿no? Desde cómo comportarse a qué hacer y qué logros podemos obtener, hemos explorado distintas técnicas y enfoques con el objetivo de llevar nuestro liderazgo un paso más adelante. Y, a lo largo de todo *¡Lidera!*, el mensaje central es que los principios antiquísimos de Dale Carnegie continúan teniendo vigencia. No importa cuánto evolucionen las normas de la sociedad ni la tecnología: las personas siguen siendo personas.

Todos los recuadros en el lado izquierdo del modelo son importantes, pero no sirven de mucho si no obtenemos resultados. También es posible lograr resultados de corto plazo sin tener en cuenta ninguno de los recuadros en el lado izquierdo y ejerciendo un liderazgo tiránico. Sin embargo, si deseamos que los resultados sean duraderos y que se maximice el rendimiento de las personas en la organización, debemos esforzarnos para convertirnos en modelos de conducta, para aplicar los principios de relaciones humanas, los procesos y las herramientas, y también para obtener logros. Los grandes líderes prestan atención a todos los recuadros del modelo, no con el objetivo de caer bien ni de construir una cultura "simpática", sino con el de obtener resultados sorprendentes que beneficien a todos en la organización, ya sean accionistas, clientes o empleados. Estamos convencidos de que las personas siempre desean contribuir para alcanzar logros importantes, y, al obtener resultados, permitimos que esas personas desarrollen su verdadero potencial.

El modelo para un liderazgo exitoso se basa en una premisa que ponemos en práctica diariamente en Dale Carnegie: creemos en que toda persona posee una grandeza innata. Y también creemos que la función de un líder es detectar y hacer emerger esa grandeza en las personas que tiene el privilegio de liderar. Nada más, ni nada menos. Esa posibilidad deriva de la confianza que nos otorgan quienes lideramos, ya sea por nuestro puesto y jerarquía en el esquema corporativo, o por ser líderes informales a quienes, por su accionar, las personas recurren como guías. Y esa confianza es frágil. No obstante, es a través de esa posibilidad que podemos ejercer un cambio positivo en las vidas de las personas, las organizaciones, las comunidades e, incluso, el mundo. Imagina el legado que puedes dejar si asumes esa responsabilidad.

> *"Existen muchos lentes diferentes a través de los cuales mirar el mundo. Los lentes de las personas, los de las ganancias, los de la eficiencia, los de los clientes. Pero si ubicas a los lentes de las personas en primer lugar, siempre vas a tomar buenas decisiones".*
> ELIZABETH HABERBERGER, presidenta de la filial de Dale Carnegie en St. Louis

## Miremos hacia adelante

Las organizaciones que mejor funcionan saben que el liderazgo eficaz no es un lujo, sino una necesidad para el éxito.

Los líderes definen la cultura. Los líderes eficaces saben que su accionar puede tener consecuencias premeditadas o no premeditadas; por eso, tienen muy en cuenta qué clase de cultura va a definir ese accionar. Saben que si generan un clima positivo que motive a las personas en su equipo, los estarán influenciando para que den lo mejor de sí.

Los líderes se comprometen con el desarrollo de las personas a su cargo y los ayudan a descubrir sus puntos ciegos. Los grandes líderes asumen de lleno el compromiso de hacer que las personas a las que conducen triunfen y estén dispuestos a dedicar tiempo y energía para eso. Poseen la capacidad innata de ver su potencial y saben cómo obtener lo mejor de ellos. Saben que la única manera en que su equipo puede demostrar su potencial es extrayendo la grandeza que hay en cada uno de sus integrantes. Los líderes entablan y mantienen relaciones productivas. Liderar no es una actividad solitaria, y su foco tampoco está en el líder; está en la manera en que los líderes tratan a las personas con las que trabajan y lo que les transmiten sobre ellos mismos y sobre su trabajo. Esto permite que los líderes influyan en otros y sean influenciados por otros para lograr los mejores resultados posibles. Para obtener resultados mediante otras personas y con ellas, los líderes deben demostrar que de veras se interesan por las personas con quienes trabajan. Eso es lo que motiva a los miembros de un equipo a seguir adelante.

Los líderes deben transmitirles a los demás la confianza que necesitan para ser su mejor versión. Todos preferimos trabajar con quienes nos alcen el pulgar, y no con quienes lo apunten hacia abajo. Los líderes deben ser amables con las personas a su cargo y tratarlas con respeto. Muchas veces, las personas no renuncian a un empleo, renuncian a sus líderes, en especial a aquellos que no se interesan por ellos ni se preocupan por su crecimiento.

## Por qué esto marca la diferencia

Con frecuencia, ascendemos a puestos de liderazgo a los empleados con mejor rendimiento, en la creencia de que se transformarán en líderes efectivos de inmediato. Sin embargo, las capacidades y la forma de pensar de un líder requieren de otras competencias. En estos casos, las empresas enfrentan dos desafíos: si bien van a perder el rendimiento que ese empleado tenía en su puesto anterior, una vez que aprenda el trabajo, van a ganar un líder.

Cuando haya adquirido los conocimientos básicos del puesto, ¿cómo hace un líder novel para guiar a su equipo a que alcance su máximo potencial y cumpla las metas de la empresa? ¿Para conducirlo en períodos de cambio? ¿Para convertirse en un líder innovador? El liderazgo se basa en las relaciones entre las personas. El enfoque para el desarrollo del liderazgo de Dale Carnegie, único en su tipo y basado en las relaciones interpersonales, brinda un conjunto muy amplio de herramientas que te ayudarán a transformarte en la clase de líder que necesita la fuerza laboral hoy en día. Este libro combina las destrezas indispensables y las conductas probadas que todo líder necesita, y, a la vez, hace hincapié en las actitudes que es correcto adoptar para transformarse en un líder comprometido.

Este libro es un paso más en tu esfuerzo por desarrollarte y ser más eficaz, un esfuerzo que durará toda la vida. El paso siguiente es invitarte a sumarte a la capacitación para el liderazgo de Dale Carnegie, que apunta específicamente al desarrollo de los líderes y a las cualidades que necesita para triunfar en cada etapa.

- El liderazgo es acerca de las relaciones entre las personas, y solo los cursos de Dale Carnegie se basan en los principios para las relaciones humanas, que ya están comprobados, son universales, atemporales y rigen todo lo que hacemos.
- Proponemos destrezas que pueden aplicarse de inmediato; no se trata de teorías, modas pasajeras, palabras atractivas o "la frase del mes".
- Sabemos que ser un líder implica ser responsable por más personas que uno mismo, y eso es estresante. Por eso, ofrecemos técnicas para reducir la preocupación y el estrés.
- Nuestro trabajo se apoya en el conocimiento y de líderes.
- No queremos que en la experiencia por ser los más antiguos en la formación las personas se conviertan en alguien que no son; las ayudamos para que saquen a relucir su grandeza: su yo auténtico y su líder interior.
- Nuestra experiencia proviene de la organización que literalmente creó el concepto de cómo influir en las personas y establecer vínculos.
- Los líderes no pueden, ni deben, hacer todo solos. Nosotros ofrecemos el conocimiento y las habilidades necesarias para que los líderes puedan realizar su tarea mediante los demás y con ellos.

Te invitamos a leer más en DaleCarnegie.com

## El camino hacia el desarrollo del liderazgo

Las investigaciones demuestran que las organizaciones necesitan y buscan líderes con competencias que sirvan para gestionar la variedad de desafíos que propone el ambiente laboral actual. Esas competencias específicas cobran importancia de acuerdo con la etapa de desarrollo que esté atravesando el líder.

- Los miembros de un equipo que tengan mayor potencial y que sean considerados como líderes deben desarrollar y exhibir confianza en sí mismos, así como también las destrezas interpersonales imprescindibles para triunfar en su nueva posición.
- Los líderes nuevos necesitan ayuda para transicionar de hacer ellos mismos su trabajo a liderar un equipo. En esta etapa del desarrollo para el liderazgo, las competencias que se requieren son: ejercer la autoridad de la forma adecuada, ser independiente, ayudar a los demás a desarrollarse y a asumir responsabilidades.
- Los líderes experimentados logran el éxito para sus organizaciones al hacer emerger la grandeza en las personas a su cargo. Esto lo consiguen enfocándose en las competencias que necesitarán a futuro para resolver los problemas que enfrenten en su puesto: liderar a su equipo a través del cambio, delegar, ayudar a que las personas en su equipo se desarrollen, innovar.

No importa cuál sea tu experiencia como líder ni qué posición ocupes en la empresa —puedes ser el jefe de una sección secundaria o el director ejecutivo—, los elementos del Modelo para un liderazgo exitoso de Dale Carnegie te ayudarán a ser mejor como líder y a resolver los problemas que te preocupan. Lo más importante es cómo aplicarás los principios aprendidos en este libro para obtener tus logros deseados. ¿Qué clase de líder quieres ser? Propóntelo y sé ese líder de ahora en más. Creemos que el presente es el mejor momento para comenzar. Sabemos que tienes el potencial para convertirte en un gran líder, porque todos, a su manera única e irrepetible, lo tienen. Te deseamos que triunfes a cada paso en tu camino hacia el liderazgo.

> *"El conocimiento no es poder si no se aplica".*
> DALE CARNEGIE

# ÍNDICE

## A

aceptación, 80, 93, 95, 158, 160, 162, 166, 168-170, 175, 202
Airbnb, 56-58, 200
Amazon, 143
"analista", 72, 73, 75, 77, 86
Apple, 193
Armstrong, Neil, 108, 109
autoridad, 89-91, 95, 121, 202, 210

## B

Bezos, Jeff, 143
Blockbuster, 59
Brin, Sergey, 180
British Journal of Management, 112
Bryant, Kobe, 110-111, 191
Buffett, Warren, 53
Burger King, 172-174, 190

## C

cambio positivo, 24, 29, 97, 144, 161, 163, 205, 206
Cantel, Warren (caso) responsabilidad, 31, 33, 37, 47, 84, 115, 131, 137, 173, 177
Cardiello, Joe, 82-83, 111
Carlson, Chester, 52
Carnegie, Dale, 13-15, 17, 22-25, 29, 33, 39, 42-43, 49, 52, 55, 61, 65, 68, 70, 72, 75, 78, 82-83, 85, 88, 90, 92, 97-98, 100, 105-106, 111-113, 117, 122, 123, 128, 129, 130, 134, 141, 143-148, 152, 158, 162, 165, 168, 170-172, 175, 178, 181, 185, 202, 205-211
cultura, 22-24, 34, 36, 39, 45, 54-55, 63, 82, 93, 149, 157, 163, 178, 180-181, 187, 197, 201-203, 206-207
colaboración, 23, 36, 45, 68, 81, 86, 145, 185, 199

Collins, Jim, 40
competencia, 53, 151, 153, 161, 162, 208, 210
compromiso, 24, 29, 50, 56, 68, 81, 86, 97, 117, 119-120, 123, 136-137, 144, 149, 151, 154, 160-162, 175, 177-180, 183-184, 186, 191, 205, 207
conexión, 23, 41, 123, 129, 145, 193, 203
confiabilidad externa 148
confianza, 14-15, 22-25, 29, 40, 43, 45, 61, 78, 97, 100-101, 113, 120, 134-138, 144-145, 148-149, 151-154, 156-157, 161, 165, 167, 181-182, 185, 205-206, 208, 210
confianza y crecimiento personal, 24, 29, 97, 144, 151, 205
cooperación, 21, 23, 25-26, 36, 40, 75, 100, 104, 109, 113, 115, 145, 164, 200
COVID-19, 52, 155, 183

## D

dirección en común, 24, 29, 97, 144, 186, 189, 191-192, 203, 205
decisiones, 49, 51-53, 61-63, 66, 113, 136, 147, 153-154, 178, 181-183, 192-193, 200, 207

desafío, 13, 24, 26, 33, 49, 55, 70, 74, 104, 109, 111, 122, 131, 153, 159, 161, 164, 200, 208, 210

## E

Eastman Kodak, 59
Edison, Thomas, 89
El Nakeeb, Gaweed 9, 39, 152, 170
empatía, 14, 25, 40, 167
Escher, Herb, 9, 52
evaluación, 33, 34, 44, 47, 48, 50, 79, 92, 99, 118, 128, 139, 198-199, 203
Ewers, Kim, 17
exploración, 169-170, 175

## F

Facebook, 69, 82, 143
Five Guys Burgers and Fries, 189-191
FODA, 174
Forbes, revista, 164
Ford Motor Company, 38, 90, 163-164
fórmula, 105-106, 114-116, 125
fortaleza, 35, 42, 81-82, 174

## G

General Electric, 97
Google, 143, 180

## I

inclusión, 116, 118
influencers del compromiso, 179
iniciativa, 108, 157, 174, 182
integridad, 15, 48, 51, 54-56, 58, 66, 147, 152-153, 162
innovación, 24, 29, 59, 89-90, 92, 95, 97, 144, 158, 162, 165, 182, 185-187, 189, 195-198, 200-205

## J

Jobs, Steve, 193
Johnson, Kevin, 55-56

## L

liderazgo ausente, 112
liderazgo competente, 185
liderazgo comprensivo desleal, 112
liderazgo eficaz, 13, 41-42, 55, 106, 114, 156, 163, 165-166, 168, 175, 196, 207
liderazgo emergente, 20
liderazgo exitoso, 24, 29, 97, 143-144, 205-206, 210
liderazgo laissez faire, 112
liderazgo tiránico, 112, 206
luz roja, 93, 118-119, 139, 158-159, 162, 193, 202
luz verde, 93, 118, 139, 158-159, 162, 193, 202

## M

McDonald's, 143, 190
Miller, Cynthia, 33
modelo de conducta, 25, 32, 42, 45, 49, 51-52, 66, 85, 90, 97, 99, 110, 141, 153, 179
Modelo para un Liderazgo Exitoso de Dale Carnegie, 24, 29, 97, 144, 205, 210

## N

NBA (Asociación Nacional de Baloncesto), 81, 110-111
Netflix, 59
Nooyi, Indra, 39, 69, 90

## O

objetivos, 19, 38, 45, 60, 69, 84, 120, 131, 133, 137, 143, 157, 164, 180, 183-184, 186, 194
oportunidades, 23, 35, 59, 67, 92, 108, 130, 148, 158-159, 161-162, 174, 179, 185, 202-203

## P

parámetros de éxito, 60
parámetros de rendimiento, 120-121, 132, 134, 137, 140
Pirámide de Liderazgo, 100, 114
planificación, 94, 101, 171, 174-175, 194
principios, 17, 21, 23-25, 29, 55, 68, 83, 85, 88, 97-104, 109-110, 112-114, 129-131, 134, 141, 144, 149, 152, 156, 178, 205-206, 209-210
Principios de las Relaciones Humanas, 99
procesos y herramientas de liderazgo, 117

## R

R.E.A.L., 13, 14
reputación, 27, 37, 40, 45-46, 85, 110, 113
reputación versus identidad, 37
responsabilidad/es, 45, 47-51, 57-59, 61, 65, 89-90, 97, 111, 121-122, 125, 128-129, 135-137, 141, 144, 164-165, 202, 205-206, 210

## S

Sandberg, Sheryl, 69
SpaceX, 105
Starbucks, 55-56
Stewart, Doug, 9, 98
Story, Greg, 9, 78, 92
Strickholm, Karen, 64
Shugar Shack, 54

## T

tameshiwari, principios, 88
trabajo en equipo, 68, 81-82, 86, 98
Thomas, Kelly, 56
Thoreau, Henry David, 148

Tolstói, León, 39
Turner, Ryan, 54

## U

Uber, 143
Urzúa, Luis, 19, 21

## V

valores, 21, 41, 54-56, 58, 66, 124, 152, 193-195
Vehar, Jonathan, 9, 42, 90, 201

visualizar, 92, 95, 158, 162, 171, 200, 202-203
Volkswagen, 51, 55

## W

Walmart, 143
Welch, Jack, 97

## Z

Zen Planner, 198
Zinsmeister, Anita, 9, 49
Zuckerberg, Mark, 143

Esta obra se terminó de imprimir
en el mes de mayo de 2025,
en los talleres de Litográfica Ingramex S.A. de C.V.,
Ciudad de México.